DIETMAR BITTRICH
Mann oh Mann

Buch

Da hilft kein Drumherum, da hilft kein Schönreden: Allem Erkenntnisfortschritt zum Trotz, den uns Psychoratgeber, der Kenneth-Starr-Report oder Verona Feldbusch und Naddel bringen, ist es bislang nicht gelungen, dem Rätsel »Mann« auf den Grund zu gehen. Wer oder was ist er? Was zeichnet das männliche Geschlecht aus? Sind Männer Irrläufer der Schöpfung? Oder deren Krönung? Oder schlicht »Schweine«, wie es das neuere Liedgut behauptet? Fragen über Fragen, denen der anthropologisch geschulte Dietmar Bittrich mit Sorgfalt und ohne Scheu vor Anfeindungen nachgegangen ist. Jahrelange Recherche, auch am eigenen Leib, bringt nun ans Licht, was manche Frau vielleicht ahnte, doch bislang nicht in Buchform nach Hause tragen durfte.

Bittrich klärt uns auf über »Die 30 häufigsten Lügen« des Mannes, »20 Gründe, aus denen Männer heiraten«, über »12 sonderbare Praktiken naturnaher Männer«, »22 Dinge, die Männer an Frauen nie verstehen«, »7 zeitgemäße Mittel, den Penis aufzurichten«, und nicht zuletzt über »9 Männer, die von Frauen früh ins Grab gebracht wurden«.

Antworten über Antworten. Endlich ein Buch, das die Scheidungsrate sinken lässt.

Autor

Dietmar Bittrich ist, so mutmaßt man, in Triest geboren. Er forscht, lebt und schreibt in Hamburg, zum Beispiel über das Leben der Gummibärchen und dem Verhalten gewisser Großtiere wie Löwen und Widder.

Dietmar Bittrich im Goldmann Verlag

Das Gummibärchen-Orakel. (44164)
Das Liebesspiel der Sterne. (44409)

Dietmar Bittrich

Mann oh Mann

Was er liebt · Was er fürchtet
Was er denkt · Was er tut

GOLDMANN

Die Originalausgabe erschien 1999 als Campe Paperback
im Hoffmann & Campe Verlag, Hamburg

Die vorliegende Ausgabe wurde vom Autor überarbeitet.

Umwelthinweis:
Alle bedruckten Materialien dieses Taschenbuches
sind chlorfrei und umweltschonend.

Der Goldmann Verlag
ist ein Unternehmen der Verlagsgruppe Bertelsmann GmbH,

Genehmigte Taschenbuchausgabe Oktober 2000
Copyright © 1999 by Hoffmann und Campe Verlag, Hamburg
Umschlaggestaltung: Design Team München
Umschlagmotiv: Mauritius/AGE
Satz: DTP-Service Apel, Hannover
Druck: Elsnerdruck, Berlin
Verlagsnummer: 44699
FB · Herstellung: Sebastian Strohmaier
Made in Germany
ISBN 3-442-44699-6
www. goldmann-verlag.de

1 3 5 7 9 10 8 6 4 2

Inhalt

1. Der Mann als Held

2. Der Mann als Partner

3. Der Mann als Karrierist

4. Der Mann als Spieler

5. Der Mann als Denker

6. Der Mann als Liebhaber

1.
Der Mann als Held

Die 15 männlichsten Männer
nach Umfragen seit 1950

2000
1. Brad Pitt
2. George Clooney
3. Keanu Reeves
4. Tom Cruise
5. Pierce Brosnan
6. Bruce Willis
7. Leonardo diCaprio
8. Til Schweiger
9. Hugh Grant
10. Joaquin Cortes
11. Michael Douglas
12. Johnny Depp
13. Antonio Banderas
14. Heiner Lauterbach
15. Stefan Raab

1990
1. Richard Gere
2. Mickey Rourke
3. Andre Agassi
4. Mel Gibson
5. Prince
6. Nicolas Cage
7. Boris Becker

8. Michael Jackson
9. A. Schwarzenegger
10. Don Johnson
11. George Michael
12. Patrick Swayze
13. Lothar Matthäus
14. Kevin Costner
15. Henry Maske

1980
1. John Travolta
2. Robert Redford
3. Jack Nicholson
4. K. H. Rummenigge
5. Warren Beatty
6. Götz George
7. Robert de Niro
8. Harrison Ford
9. G. Dépardieu
10. K. M. Brandauer
11. Klausj. Wussow
12. Telly Savallas
13. Mario Adorf
14. Larry Hagman
15. Al Pacino

1970

1. Mick Jagger
2. Jim Morrison
3. Sean Connery
4. Che Guevara
5. Mark Spitz
6. Omar Sharif
7. Muhammed Ali
8. Steve McQueen
9. M. Mastroianni
10. Paul Newman
11. Alain Delon
12. Jean P. Belmondo
13. Sidney Poitier
14. Michel Piccoli
15. Willy Brandt

1960

1. Elvis Presley
2. Marlon Brando
3. James Dean
4. Horst Buchholz
5. Gregory Peck
6. Henry Fonda
7. Harry Belafonte

8. Richard Burton
9. James Stewart
10. Yves Montand
11. Curd Jürgens
12. O. W. Fischer
13. Burt Lancaster
14. Maximilian Schell
15. Karlheinz Böhm

1950

1. Clark Gable
2. Cary Grant
3. Gary Cooper
4. Humphrey Bogart
5. Pablo Picasso
6. Gene Kelly
7. Spencer Tracy
8. Charles Boyer
9. Gérard Philipe
10. Vittorio de Sica
11. Hans Albers
12. Frank Sinatra
13. Johannes Heesters
14. Orson Welles
15. Maurice Chevalier

24-mal:
Er meint, es wirke männlich auf Frauen, wenn er ...

... im Fitnessstudio den Erbarmungslosen mimt
Er glaubt: Wenn er beim Workout stöhnt und an den Hanteln mit den Zähnen knirscht, merken die Frauen, dass hier ein ganz tougher Typ bis an die Schmerzgrenze geht. *Fakt ist:* Er geht bis an die Schmerzgrenze. Aber nicht an die eigene.

... riskant fährt
Er glaubt: Als Ayrton Senna starb, weinten die Frauen. Und sie jubeln, wenn Schumi auftaucht. Garantiert lieben sie es, wenn es hart in die Kurven geht, wenn der Motor aufjault und die Reifen quietschen. *Fakt ist:* Garantiert hassen sie es, wenn sie selbst mit im Auto sitzen.

... großkotzig über Geld und Aktien redet
Er glaubt: Ganz groß abzocken, an der Börse richtig Kasse machen, voll auf Risiko spekulieren und dann den Totalgewinn einstreichen, das wäre sein Ding. Und es bringt unheimlich viel Punkte, wenn er jetzt schon mal redet, als sei er ein Wall Street Hai. *Fakt ist:* Es wäre völlig ausreichend, wenn er nicht dauernd seine Freundin anpumpen würde.

... filterlose Zigaretten bis zum letzten Millimeter raucht
Er glaubt: Die Mafia-Killer und die hartmetallischen Rockstars und die B-Film-Detektive, die machen das so. Die nehmen keine Rücksicht. Die sagen: Stirb langsam. Weil ein Mann sich nicht schont. *Fakt ist:* So einer schont vor allem

seine Freundin nicht. Küsst sie mit gelben Zähnen und be-
tatscht sie mit braunen Fingern.

... so tut, als wenn er keine Schmerzen hat

Er glaubt: Sie muss seine Wunde bestaunen, diese blutende
und klaffende Wunde, und ihn maßlos dafür anhimmeln,
dass er so gefasst bleibt, so unglaublich tapfer ist, so einmalig
hart im Nehmen. Da – sie weint schon wegen seiner Schmer-
zen! *Fakt ist:* Es rührt sie zu Tränen, dass er für seinen aufge-
kratzten Mückenstich bewundert werden will. Dieses ewige
Kleinkind.

... den Schlabberlook der Stars nachahmt

Er glaubt: Wenn Tom Cruise mit Pubertätszotteln am Kinn
rumläuft, wenn Brad Pitt als räudiger Geißbock auftritt und
Mickey Rourke seinen Schmierfilm nicht mehr abwäscht,
dann muss das Wirkung haben. Denn auf diese Jungs stehen
die Frauen. *Fakt ist:* Es gibt Männer, denen kann selbst die
totale Verwahrlosung nichts anhaben. Er jedoch gehört nicht
dazu.

... Theater, Kunst, Literatur als Weiberkram ablehnt

Er glaubt: Männer müssen nicht die Wohnung schmücken,
also brauchen sie keine Kunst anzusehen. Müssen kein
Abendkleid ausführen, also brauchen sie nicht ins Theater
zu gehen. Und hassen Klatsch, also brauchen sie keine Ro-
mane zu lesen. Weiberkram! *Fakt ist:* Er hat Angst, dass seine Freundin sich auf einigen Gebieten besser auskennt als er.

... Name-dropping betreibt

Er glaubt: Frauen stehen auf weltgewandte Smarties. Also
will er jeden unterbringen, von dem er mal gehört hat. Designer, Medienmacher, Trendsetter, Filmer, Kreative. Und zu
jedem will er auch was sagen können: »Philippe Starck ist ja

schwächer geworden.« *Fakt ist:* Schwächeanfälle haben die zuhörenden Frauen, wenn er derartig viele Schlafpillen austeilt.

... extra langsam über die Straße geht, während ein Auto kommt

Er glaubt: Das macht total Eindruck, wenn er seinen Schritt kein bisschen beschleunigt, während seine Freundin feige auf den Bürgersteig flüchtet. Er nämlich ist mutig. Er trotzt der Gefahr. *Fakt ist:* Im Krankenhaus soll sie ihn dann jeden Tag besuchen.

... im Restaurant den Weinkenner raushängen lässt

Er glaubt: Wenn die Flasche gebracht wird, muss er oberschlau das Etikett beäugen. Und so tun, als ob ihm das irgendwas sagt: »Ahja.« Er glaubt, er muss mit Gourmetblick probeschlürfen und dann was Kritisches anmerken: »Hat vielleicht eine Spur Kork.« *Fakt ist:* Er ist der einzige, der nicht merkt, dass der Kellner sich nur mit Mühe das Lachen verkneift.

... über Schwule lacht

Er glaubt: Wenn er sich lauthals über Schwule amüsiert, muss allen klar werden, dass er selbst völlig normal und denen total überlegen ist. *Fakt ist:* Er fürchtet, dass er irgendwo ganz tief ein paar unklare Neigungen haben könnte. Dass ihn irgendjemand von weitem für schwul halten könnte. Dass er einfach nicht männlich genug wirkt. Stimmt – wenn er über solche Witze lacht.

... im Februar offen fährt

Er glaubt: Wenn er bei drei Grad über Null das Verdeck runterklappt, beweist er, dass er ein echter Roadster-Typ ist. Und wenn der Wind dazu schneidend kalt bläst, kommt er als harter Naturbursche rüber. *Fakt ist:* Sie muss ihn ein paar Tage später im geschlossenen Wagen zum HNO-Arzt fahren.

... der Frau das Kochen überlässt

Er glaubt: Richtige Machos haben noch nie einen Kochlöffel angefasst. Die wissen gar nicht, wo die Küche ist. Und wenn die sich was kochen, dann Kaffee, und zwar in einem verbeulten Topf über offenem Feuer irgendwo in der Einsamkeit des Westens. *Fakt ist:* Er ist faul.

... bei den Fernsehnachrichten schlaue Kommentare abgibt

Er glaubt: Männer machen Geschichte. Machen Politik. Und müssen den staunenden Frauen erklären, was da abläuft. Damit klar ist, dass er alles durchschaut, lässt er keine Nachricht unkommentiert. Das, denkt er, macht Eindruck. *Fakt ist:* Es macht den Eindruck, als ob er bereits jetzt in Opas Pantoffeln schlüpft. Oder will er mit dieser Rentner-Tour Zuschüsse von der Pflegeversicherung ergattern?

... Taxifahrer, Kellnerinnen, Pförtner von oben herab behandelt

Er glaubt: Frauen wollen einen überlegenen Mann. Einen der Befehle gibt. Einen Boss. Deshalb fertigt er den Taxifahrer ganz kurz ab. Hetzt die Kellnerin herum. Lässt sich an Pförtnern aus. Und meint, er wirkt stark dabei. *Fakt ist:* Er wirkt tatsächlich stark. Stark peinlich.

... für jedes Problem eine Lösung hat

Er glaubt: Sie erzählt ihm ihr Problem, damit er es mal kurz und klar auf eine Formel bringt. Damit er ihr die Lösung sagt, mit der sie alles ein für alle Mal regeln kann. Frauen reden, Männer handeln. Also, meine Liebe, das machen wir ganz einfach! *Fakt ist:* Sie erzählt, damit er zuhört. Sie will nicht mit einer schnellen Lösung abgespeist werden. Sie will mit ihm reden.

... säuft
Er glaubt: Männer müssen sich zulöten. Müssen sich die Birne vollknallen. Weil das hart macht. *Fakt ist:* Es macht weich. Leider. Und aufwischen kann er dann auch nicht mehr selbst.

... beim Küssen kratzt
Er glaubt: Männer, die sich durch den Dschungel schlagen, haben keine Zeit, im Gesicht herumzuschaben. Auch nicht im Dschungel der Großstadt. Weil sie, verdammt noch mal, Wichtigeres zu tun haben. Wenn sie seinen Bart spürt, muss sie doch merken, was für ein Mann er ist! *Fakt ist:* Stimmt. Merkt sie. Er ist einer, der sich nicht mal für sie rasiert.

... im Stehen pinkelt, und zwar überall
Er glaubt: Frauen mögen es weit gebracht haben. Aber das können sie nicht, im Stehen pinkeln. Das muss man ihnen immer noch mal vormachen. An der Mauer dahinten. Oder hier am Baum. *Fakt ist:* Gleich danach will er wieder Händchen halten und denkt sich nichts dabei.

... keinen Knopf annähen kann
Er glaubt: Männer, die nähen und bügeln können, sind halbe Weiber. Er doch nicht! Sein Vater konnte das auch nicht! Und was früher seine Mutter gemacht hat, müsste doch wohl jetzt seine Freundin tun! Damit mal klar wird, wer der Mann ist! *Fakt ist:* Klar wird damit nur, wer das Muttersöhnchen ist.

... »Stell dich nicht so an« sagt

Er glaubt: Indem er ihre Sorgen und Wehwehchen mitleidlos herunterspielt, zeigt er, was für ein starker und unbeugsamer Kerl er ist. *Fakt ist:* Beim ersten Schnupfen liegt er flach, fabuliert im Delirium und will Mitleid, Mitleid, Mitleid.

... im Bett die Muskeln anspannt

Er glaubt: Das wirkt unheimlich erotisierend, wenn er die Muskeln hart macht, während sie ihn streichelt. *Fakt ist:* Es törnt ab, wenn er auch im Bett nicht von seiner Eitelkeit loskommt. Und nebenbei fällt noch auf, dass er nie ein Schwarzenegger sein wird.

... eine Frau »durchnimmt«

Er glaubt: Sie will hart rangenommen werden. Weiß man ja. Küchentisch. Wand. Fußboden. Schnell vor allem. Und gern auch brutal. Das will sie. *Fakt ist:* Falls sie mal Lust dazu haben sollte, wird sie es ihn schon merken lassen. Bis dahin soll er sich ein bisschen mehr Mühe geben.

... alles erklären kann

Er glaubt: Egal, was es ist, Erdbeben in Japan, Stau auf der Autobahn, WWW, PMS, PDS, PSI, er muss den Bescheidwisser raushängen lassen. Einen, dem alles klar ist. Der sich total auskennt. *Fakt ist:* Solange er nur zu Hause so herumbläht, okay. Peinlich wird es nur, wenn Freundinnen oder Fremde zuhören müssen.

Die 25 männlichsten Getränke

Frauen lieben Cocktails, lieben weiche, sinnliche, genießerische Getränke. Männer ziehen – abgesehen von alten Rotweinen – harte, klare Flüssigkeiten vor. Besonders solche, die sie vor dem täglichen Showdown ganz schnell im Saloon hinunterstürzen können. Hier ist die Liste der Getränke, die zu mehr als 75 % von Männern bevorzugt werden.

1. Bier
2. Alter Rotwein
3. Guinness
4. Whisky
5. Rum
6. Cognac
7. Klarer
8. Schnaps
9. Doppelkorn
10. Weinbrand
11. Gin
12. Genever
13. Wodka
14. Aquavit
15. Metaxa
16. Portwein
17. Manhattan
18. Martini dry
19. Magenbitter
20. Prairie Oyster
21. Bloody Mary
22. Red Bull
23. Isotonische Getränke
24. Mineralwasser
25. Milch

Die 20 größten Männerängste

1. Ersetzbarkeit (fürchten 92 %)

Seit bei gleicher Qualifikation eine Frau vorgezogen wird, argwöhnen Männer, dass sie nicht einmalig, sondern ersetzbar sind. Erstens im Job. Zweitens in Liebesbeziehungen. Da hat zur Freude der Frauenbeauftragten ein Wandel stattgefunden. »Früher dachten Frauen: Wenn er stirbt, will ich auch nicht mehr leben. Heute denken sie: Wenn er weg ist, fange ich erst richtig an.« Hässlich!

2. Powerfrauen (88 %)

Auch den arglosesten Ladenmädchen reden Frauenmagazine seit geraumer Zeit ein, sie seien Powerfrauen oder hätten das Zeug dazu. Zu leiden haben unter dieser Power-Hype die Männer. Nicht nur ist ihnen ohnehin bewusst, dass Frauen das starke Geschlecht sind. Sie müssen nun auch noch miterleben, wie Kolleginnen und Angetraute sich unverblümt damit brüsten.

3. Impotenz (84 %)

Seit der Antike haben Männer etwa hunderttausend verschiedene Aphrodisiaka ausprobiert. Und nicht mal die neueste blaue Pille kann die Erektion garantieren. Hinter der vergeblichen Suche steckt der missliche Umstand, dass der Penis dem Willen nicht gehorcht. Die Furcht vor sexueller Schwäche ist eine klassische Angst. Noch dazu eine, die mit den Jahren nicht geringer wird.

4. Rivalen (78 %)

Je größer eines Mannes Ehrgeiz, desto stärker die Angst vor möglichen Rivalen. Zielen seine Ambitionen auf die große Karriere, suchen ihn Albträume von fiesen Kollegen heim. Will er als Tenniscrack im Club siegen, packt ihn Nervosität beim Anblick eines guten Spielers. Ist sein Ehrgeiz im Bett am größten, hegt er die Furcht, er könne von einem anderen übertrumpft werden. Wohl denen, die keinen Ehrgeiz haben.

5. Gefühle (75 %)

Die Evolution hat es so eingerichtet, dass ein Mann seine Gefühle nicht gleichermaßen wortreich zum Ausdruck bringen kann wie eine Frau. Er ist mit seinem Gefühlszentrum nicht so direkt verkabelt wie sie. Und wenn eine Frau Gefühl zeigt, ahnt er: Jetzt geht es in Gefilde, wo nur noch sie Boden unter den Füßen spürt. Da wird ihm Bange.

6. Scheitern (71 %)

Seit sie als Jäger und Sammler fette Beute heimschleppen mussten, setzen Männer sich unter Leistungsdruck. Sie wollen zeigen, dass sie mindestens gut, möglichst aber die besten sind. Denn nur dem Pfau mit dem größten Rad klatscht das Weibchen Beifall. Unvermeidlich stellt sich bei jedem Mann die Furcht ein, dass es Buhs statt Applaus gibt und dass er an den Ansprüchen scheitert.

7. Untreue der Frau (70 %)

Jeder Mensch trägt in seinen Genen den Auftrag, den Fortbestand der Art zu sichern. Der Mann kann das am besten, indem er seine Gene möglichst vielfältig verteilt. Die Frau, indem sie einen Mann zur Versorgung an sich bindet. Seine Untreue ist programmiert. Wenn sie untreu wird, tut sie das gegen ihre Gene. Also nur, wenn sie gute Gründe hat. Wenn sie den Mann, den sie betrügt, ungenügend findet. Furcht erregend!

8. Nähe (69 %)

Männer entziehen sich. Erzählen nichts. Mögen niemanden herankommen lassen. Denn anders als Mädchen müssen sich Jungs früh von der Mutter abnabeln, um ihre Identität als Mann zu finden. Sie entdecken sich selbst also in der Distanz zur ersten, prägenden Frau. Und halten danach Abstand auch zu jeder anderen. Was an der Nähe schreckt sie so? Dass sie Individualität und Unabhängigkeit bei einer Frau verlieren könnten.

9. Intuition (66%)

»Frauen«, sprach Agatha Christie, »sind die besseren Detektive.« Leider wahr. Dank einer unfairen Synchronschaltung beider Gehirnhälften sind sie in puncto Instinkt und Siebter Sinn den Männern weit überlegen. Sie kriegen immer alles raus. Vor diesem unheimlichen Talent graut natürlich nur den Schuften, die etwas zu verbergen haben.

10. Ejacolatio praecox (63 %)

Das lateinische Wort umschreibt höflich, was keinem Mann lieb sein kann: Dass er eine Bruchlandung macht, während die Frau noch warm läuft. Ruhmreiche Männer wie Immanuel Kant, Schiller und Franz Liszt waren mit diesem Los dauerhaft geschlagen. Die anderen sprachen nicht darüber.

11. Haarausfall (60 %)

Bruce Willis besucht einen Spezialisten für Haarvermehrung, Don Johnson zieht die Methode der Verpflanzung vor. Weniger begüterte Gentlemen versuchen, durch quer gelegte Strähnen die Lichtungen zu überdecken. Was steckt dahinter? Das erschreckende Bewusstsein, dass der Körper altert.

Die nagende Furcht, vorzeitig an Appeal einzubüßen. Sean Connery, Heiner Lauterbach, Michel Piccoli sind nur für eine Minderheit tröstlich.

12. Figur (58 %)
Frauen werfen heute die gleichen ausziehenden Blicke auf Männer, die einst nur umgekehrt gestattet waren. Männer lässt dieser Blick nicht unberührt. Was ehedem reiner Weiberkram war, das Ringen um die Idealfigur, zwingt nun sie in die Sklaverei der Fitnessprogramme und Diätpläne und zum ewig bangen Blick in den Spiegel.

13. Schwiegermutter (55 %)
Mit der Ehe erobert die Schwiegermutter jenen Platz, den im Leben jedes Mannes bis dahin seine eigene Mutter innegehabt hat: den Platz der älteren weiblichen Autorität. Mit der Ehe verliert er also die Frau, die stets auf seiner Seite war und gewinnt zwei, die im Zweifelsfall gegen ihn stimmen. Denn dem Bündnis zwischen Frau und Schwiegermutter steht er wehrlos gegenüber.

14. Streit (53 %)
Noch in den siebziger Jahren konnte ein Mann im Streit darauf vertrauen, dass er Recht behielt. Weil er ein Mann war. Das ist vorbei. Und die Lust, mit einer Frau ein Wortgefecht zu wagen, ist entsprechend gesunken. Heute geht die Hälfte aller fest liierten Männer einem Streit »nach Möglichkeit aus dem Weg« (doppelt so viele wie 1976). Nur südliche Länder weisen noch hoffnungsfrohe Zahlen auf.

15. Kürze (50 %)
Die Furcht, sein Penis sei zu klein, bleibe jedem Mann treu bis ans Ende seiner Tage, behauptete der Dichter August Strindberg. Und diese Furcht mache ihn zum Spielball der

Frauen. Auf jeden Fall kann eine Frau schon durch geringste boshafte Anspielungen das körperliche Selbstbewusstsein eines Mannes ins Wanken bringen. Und auch, wenn sie das freundlicherweise nicht tut – das nagende Unbehagen bleibt.

16. Krankheit (48%)
Männer sind nicht wehleidig. Sie sind sensibel. Schon belanglose körperliche Symptome beunruhigen sie. Doch den Gang zum Arzt schieben sie möglichst lange hinaus. Sie sind unsicher, weil sie sich in ihrem Körper weniger zu Hause fühlen als Frauen. Und weil sie von Natur aus weniger belastbar sind. Schließlich müssen sie nicht gebären. Was sie auch nicht durchhalten würden.

17. Chefin (45 %)
Früher gab es sie allenfalls am heimischen Herd. Jetzt taucht sie im Beruf auf: die Frau, die über den Mann herrscht. Und das erschreckend häufig. Fast die Hälfte der männlichen Angestellten musste bereits Erfahrungen mit einer Chefin sammeln. Die meisten dieser Verwirrten fanden die Chefin »unberechenbarer«, »emotionaler« und daher »Furcht einflößender« als einst den Chef.

18. Kastration (42 %)
Seit in den USA eine Frau freigesprochen wurde, die ihrem Mann mit einem Brotmesser zu Leibe rückte, ist die Angst wieder voll aufgeblüht. Es ist dieselbe Angst, die Männer mit dem Traumbild peinigt, alle Zähne fielen ihnen aus. Die Angst, die Fußballer beim Freistoß die Hände falten lässt. Und die sensiblen Geistern den Anblick jedes blanken Küchenmessers verleidet.

19. Multipler Orgasmus (38 %)

Dieses Fremdwort ist Männern heute unangenehm vertraut. Sex-Therapeuten verraten den Grund: Ein Mann, der glaubt, eine Frau sei mit zwei oder gar nur einem Orgasmus befriedigt, wiegt sich in antiquierten Illusionen. Den meisten Männern sind diese Illusionen längst abhanden gekommen. Sie rackern sich ab, lauschen der weiblichen Erregungskurve und fürchten, dass die Frau auch nach fünf Highlights noch einem weiteren entgegenfiebert.

20. Werbung (35 %)

Gestählte Muskel-Models räkeln sich auf Felsenkliffen und springen in die Gischt. Nackte Schwarze recken sich auf Frauenzeitschriften. Früher konnte ein Mann seine Freundin mit einem Blick über appetitliche Magazin-Auslagen provozieren. Heute muss er ihr die Augen zuhalten. Möge es bald ein Ende haben mit der Präsentation männlicher Edelkörper – wünschen die vielen Unedlen. Aber es hat gerade erst angefangen.

Das Schweigen der Männer –
15 berühmte Abschaltstrategien

»Na, wie war's im Kindergarten?« Das kleine Mädchen lässt sich Mamas Frage nicht entgehen und berichtet munter von neuen Spielen. Der kleine Junge sagt: »Gut.« Womit er nichts sagt. Wenn er älter ist und gefragt wird, wie es in der Schule war, antwortet er: »Okay.« Noch etwas später fragt ihn eine Frau: »Was gibt's Neues?« Und er sagt: »Nichts.« Sie hakt vielleicht nach. Doch er will nicht abgefragt und ausgeforscht werden. Schon gar nicht, wenn er aus einem Büro kommt, wo er eben noch einem Vorgesetzten Rede und Antwort stehen musste. Deshalb stülpt er sich Kopfhörer über die Ohren, sägt und schraubt im Hobbyraum oder setzt sich an den Computer und schlägt eine feindliche Raumflotte in die Flucht. Frauen entspannen sich durch Reden. Männer durch Schweigen. Deshalb haben sie seit Beginn der Zeiten Abschaltstrategien entwickelt, um der freundlichen Anteilnahme ihrer Frauen zu entgehen.

1. »Meide die Fragen der Weiber«, lehrte Sokrates, »sonst wirst du nicht zur Weisheit gelangen.« Er selbst nahm nach Hause entweder Wein mit oder gleich »einen Jüngling mit erstem Bartflaum, welchselbiges Xanthippe stets sanft stimmte«.
2. Der heilige Augustinus untersagte seinen Geliebten, ihn innerhalb der ersten Stunde nach seinem Eintreffen anzusprechen.
3. Martin Luther zog sich unter dem Vorwand, er müsse die Bibel übersetzen, wochenlang in wechselnde Schlupf-

winkel zurück. Seiner Frau gebot er, etwaige Fragen nur schriftlich an ihn zu richten. Er wusste, dass sie nicht schreiben konnte.

4. Fürst Pückler schlich jeden Tag eine halbe Stunde ums Haus, bevor er sich traute, seiner Gemahlin unter die Augen zu treten. Mit der Zeit wurden diese Spaziergänge durch Beete und Gebüsch immer länger. Er begann zu arbeiten. Nach einigen Jahren galt er als einer der besten Gärtner Europas.

5. Benjamin Franklin heiratete eine ältere, schon schwerhörige Frau und frohlockte: »Andere Gattinnen stürzen sich auf ihren Mann, sobald sie ihn an der Haustür hören. Meine merkt nicht einmal, wenn ich ins Zimmer komme.«

6. General Clausewitz war selbst taub – zumindest trat er seiner Gattin stets schwersthörig gegenüber. Wenn er heimkehrte, und bevor er sich ihr stellte, zog er sich stets zu flächendeckenden Schießübungen in den Hof zurück.

7. Goethe richtete zwischen dem Wohntrakt seiner Frau und seinen eigenen Räumen mehrere Zimmer ein, »welche wie die Schleusen in einem Kanale das langsame Angleichen der geistigen Wasserstände ermöglichen«. Von seiner Höhe in die Niederungen, versteht sich.

8. Gustav Mahler rannte an Haus, Frau und Kindern vorbei in sein Gartenhäuschen, um dort still auf den See hinauszublicken und auf kompositorische Einfälle zu warten.

9. Albert Einstein trug Ohrenschützer auf dem Heimweg und winkte ab, wenn er weiblicherseits angesprochen wurde.

10. Thomas Mann forderte für jedes bürgerliche Haus ein »Herrenzimmer«, das eine rein maskuline Zone darstellte. »Es erlaubt bei Zigarren und Port die langsame Assi-

milierung von der großen weiten Welt in die Häuslichkeit.«

11. Arthur Rubinstein begab sich, ohne den Mantel abzulegen, an den Flügel und ließ zwei Sonaten lang die Tasten scheppern, bevor er sich der Gemahlin stellte.

12. Georges Simenon legte nicht einmal den Hut ab, sondern schloss sich eine halbe Stunde auf dem Klo ein.

13. Richard Gere richtete sich einen Meditationsraum ein, in welchem er buddhistische Gelassenheit vortäuschte, während Gattin Cindy Crawford ruhelos an der Tür lauschte.

14. Bruce Willis stürzt sich gleich bei der Heimkehr in den Pool und unternimmt längere Tauchübungen.

15. Loriot führt hingebungsvoll seinen Mops aus.

»Frauen brauchen den Austausch, Männer den Rückzug«, schreibt Benediktinerpater Anselm Schwank aus dem Kloster Heberbronn. Im Frühjahr 1998 begann er zu erforschen, warum Nonnen meist einen frustrierten Eindruck machen, Mönche dagegen zufrieden wirken. Seine einleuchtende Erklärung nach fleißigen Recherchen: Das Schweigegebot im Kloster. Den Männern kommt es paradiesisch erholsam vor. Den Frauen erscheint es wie Folter und Fegefeuer.

Die sieben Formen
männlicher Eitelkeit

»Weibliche Eitelkeit ist schlicht und berechenbar«, befand einst Arthur Schopenhauer. »Männliche Eitelkeit ist erfinderisch und originell.« Majestät Wilhelm II. ließ sich jeden Morgen eine Stunde lang von ergebenen Dienern den Schnurrbart zurechtzwirbeln, »denn der Bart ist die höchste Zierde eines Mannes«. Walt Disney brachte seine Knabberleiste selbst in Form, freilich nur mit importierten Kämmen aus japanischem Rosenholz. Errol Flynn beschäftigte auf dem Höhepunkt seines Ruhmes nicht allein einen Fensterputzer, sondern einen Spiegelputzer. Das lohnte sich, denn in seiner Villa gab es mehrere Hundert Spiegel, darunter etliche, die in Hüfthöhe hingen. Flynn betrachtete am liebsten diese Partie. Alfred Hitchcock war es gleichgültig, ob eine Schauspielerin ihn für einen großen Regisseur hielt; wenn sie jedoch betonte, er habe sinnliche Lippen, wuchs er um zwölf Zentimeter. Arturo Toscanini legte keinen Wert auf Komplimente für seine Dirigierkunst; doch wenn jemand ihm bestätigte, er sei der größte Weiberheld Italiens, war nach Auskunft seiner Frau »das nächste Konzert gerettet«. Der Thriller-Autor John Grisham hat jede Menge Bestseller geschrieben, doch sein Gesicht hat sich niemandem eingeprägt. Deshalb lässt er sich immer gern am Flughafen ausrufen. Wenn dem Penizillin-Entdecker Alexander Fleming in einem Hotel nicht genügend Aufmerksamkeit zuteil wurde, ließ er einen Freund bei der Rezeption anläuten: »Wohnt zur Zeit der Nobelpreisträger Professor Doktor Alexander Fleming bei Ihnen?« Warren Beatty bevorzugt Hotelpaläste mit einem Huldigungsbalkon, von dem herab er den ergebenen Massen zuwinken kann. Bleiben die Massen aus, muss der Direktor das Personal zum Winken auf die Straße schicken. Cary Grant, beteuert seine Biografin Judith Reins, beurteilte das Niveau einer Herberge nach der Gefügigkeit der Pagen. Thomas Mann, der das insgeheim auch tat, nahm offiziell als Maßstab die Qualität, mit der seine Socken gebügelt wurden (»im Ritz nie ganz korrekt«). Weil seine Jeans versehentlich gebügelt worden waren, sagte Elvis ein Konzert ab. Luciano Pavarotti verzichtete auf einen Auftritt, weil sich ein Pickel nicht überschminken ließ. Als er zum Trost essen gehen wollte, musste er feststellen, dass in keinem Top-Lokal der Stadt – es war Sydney – sein Foto hing. Lediglich Placido Domingo war vertreten – ein total verpatzter Abend. Wenn Jack Nicholson in eine Stadt reist, kündigen seine Manager das an, damit die Restaurantbesitzer alle artfremden Fotos abhängen können; denn der »Begnadete« (Nicholson über Nicholson) speist nicht in Fresstempeln, in denen heidnische Götter angebetet werden. Oscar Wilde wünschte, in einem Sarg bestattet zu werden, der innen ganz mit Spiegeln ausgeschlagen war, »damit ich eine Freude habe, falls ich als Scheintoter aufwache«. Seine Hinterlassenschaft reichte dann lediglich für einen Taschenspiegel. Absonderlich? Nein. Goethe hat festgestellt, dass zu einem maßvoll eitlen Mann die Leute nur so drängen, »ein Kerl, der nicht ein wenig eitel ist, der mag sich auf der Stelle hängen«. Hier sind die sieben Formen männlicher Eitelkeit.

1. Klugheit

Ja, es ist wahr, zur Eitelkeit eines Mannes gehört es, dass er alles durchschaut. Dass er alles erklären kann und für alles eine Lösung hat. Und dass er seine Kennerschaft und seine Gescheitheit bei jeder Gelegenheit heraushängen lässt. Das reicht vom anonymen Bierdackel, der zu den Fernsehnachrichten oberschlaue Kommentare abgibt, bis zu Weihrauch-schwenkern wie Syberberg und Joachim Kaiser. Vom Heiß-luft-Ventilator Roger Willemsen bis zu Ulrich Wickert, der seine Überlegenheit auch noch gegenüber dem Wetterbericht beweisen muss. Von Ralph Giordano, der mit seinem *Bertini*-Roman doch schon alles gesagt haben wollte und trotzdem immer weiter redet, bis zu August Everding, dem beim Plustern ab und zu noch etwas einfiel. Von Ernst Jünger, der in knappen Aphorismen nichts sagte, bis zu Walter Jens, der in langen Reden nichts sagt. All diese Gentlemen sind beneidenswert. Denn auch jeder andere Mann würde gern häufiger öffentlich mal nichts sagen. Aber da er so selten um Reden und Interviews gebeten wird, kann er sich nur in vertrauter Runde als Weinkenner, Politexperte oder Börsenguru aufspielen.

2. Führerschaft

Als Anführer respektiert und von der Sonne der Macht beschienen zu werden, diese Sonne womöglich selbst zu sein, das ist unvergleichlich wärmend für das frostempfindliche männliche Ego. Diese Art Eitelkeit ist Triebfeder für Politiker, Manager und Militärs. Es gibt Männer, die damit auf sehenswerte Weise umgehen wie Helmut Schmidt oder Gregor Gysi, und solche, bei denen man lieber wegsieht wie Rudolf Scharping oder Guido Westerwelle, obwohl auch die von der Eitelkeit der Macht beseelt sind. Nur haben sie zu wenig Distanz. Auch Dirigenten werden von dieser Muse geküsst. Karajan, Leonard Bernstein, Sergiu Celibidache waren nicht wegen ihrer Dirigierkunst sehenswert, sondern weil sie so unnachahmlich auf dem Podium zugleich als Diktator und als Pfau agierten. Der ebenso edle Rest der Männer muss sich – wenn keine Orchester, Ministerien oder Konzerne zur Verfügung stehen – leider damit begnügen, Hotelpersonal und Sekretärinnen von oben herab zu behandeln.

Frauen soll diese Art der Eitelkeit fremd sein, weil sie nicht hierarchisch denken. Selbst schuld.

3. Aussehen

Im Vergleich zu Frauen sind Männer zwar von der Natur reich verwöhnt worden, und doch müssen sie zuweilen nachhelfen. Orson Welles ließ sich einen gekrümmten Spiegel bauen, der ihn schlanker zeigte. Von den 113 Paar edlen Schuhen, die beim Kehraus im Hause Sinatra gezählt wurden, war jedes einzelne eine Sonderanfertigung: Die Sohlen machten den Sänger zwischen vier und vierzehn Zentimeter größer, angeblich auf unauffällige Weise. Der große Denker Adorno war nach eigener Einschätzung unanfechtbar, doch diejenigen, die bei einem Besuch versehentlich nicht ins Gästeklo, sondern in des Meisters Privatbad gerieten, entdeckten seine schwache Seite: Unterm Spiegel reihte sich eine Phalanx von Haarwuchsmitteln. »Ein Mann kann gar nicht hässlich genug sein«, versicherte *Je t'aime*-Flüsterer Serge Gainsbourg. Falsch. Immer mehr wollen gut aussehen. Während 1980 drei Viertel der befragten Männer ihr Aussehen gleichgültig war, legt heute die gleiche Anzahl Wert darauf, für attraktiv zu gelten – und stuft sich gleich selbst so ein. Männer, die Parfum benutzen, empfinden sich sogar zu fast 80 % als »ziemlich gut aussehend«, obwohl der Duft das Aussehen nicht auffallend verändert. Er steigert aber die Illusion davon. »Ein Mann braucht wenig, um schön zu sein«, lehrte Klaus Kinski. Und der Mann war Experte.

4. Sexualität

Hier braucht ein Mann etwas mehr, um gut abzuschneiden. Mehr Frauen, mehr Umfang, mehr Umsatz. Charlie Chaplin ließ einen Reporter wissen, dass er über eine unerschöpfliche Potenz verfüge, was an der Zahl seiner Kinder abzulesen sei. Seine erste Ehefrau behauptete, er habe einfach nur schlecht mit Verhütungsmitteln umgehen können. Als Humphrey Bogart einmal in einem Interview mit Maßen geprahlt hatte, fand Lauren Bacall es angebracht, die Zahlen zu dementieren. All das ist bitter, denn es zeigt, dass die männliche Eitelkeit hinsichtlich der Sexualität am empfindlichsten ist. Hasenpfoten, Mohrrüben, zu Würsten gedrehte Taschentücher in Trikots und Badehosen legen davon Zeugnis ab. Ebenso die Unzahl von Firmen, die Potenzpillen und Versteifungsmittel anbieten. Zum Glück sind uns, die wir nun wirklich ungewöhnlich gut ausgestattet sind, dergleichen Sorgen völlig fremd.

5. Styling

Philosoph Sartre lief in möglichst abgestandenen Klamotten herum; in seiner Eitelkeit hielt er das für den Beweis höchster Vergeistigung. Otto Schily wirft nach jedem Pressefoto seine Krawatte weg, um auf dem nächsten mit einer neuen zu glänzen; das sei er dem Publikum schuldig. Alfred Biolek hat Berater für sein Outfit angestellt, Thomas Gottschalk einen Spezialisten für sein Haarteil. Jean-Luc Godard bekannte, Eitelkeit sei hinderlich bei der Wahrheitssuche und liege ihm fern. Im selben Atemzug betonte er, eine andere Farbe als Schwarz käme für einen geistvollen Mann nicht in Frage. Ob der Zopf das Heiligtum ist, Schnurrbart, Ziegenbart oder Tätowierung hängt von den Styling-Vorbildern ab. Englands Designerin Vivienne Westwood will beobachtet haben, dass Männer in Modedingen trotz steigendem Interesse unsicher und von Autoritäten abhängig seien. Geschmackssicher seien wenige, kreativ nur Schwule. Das ist natürlich übertrieben. Warum soll man nicht Markensachen tragen dürfen und sich in blühender Jugend auf den Gebrauch der halben Lesebrille freuen? »Weibliche Eitelkeit«, spricht David Bowie, »zielt auf Anpassung, männliche Eitelkeit auf Individualität.« Eben, eben.

6. Besonderheit

Im hessischen Kronberg sitzt eine Werbeagentur, die einzig an männlicher Eitelkeit verdient. Nicht nur gibt sie guten Rat in Stilfragen. Sie gibt auch Antworten auf die Fragen des FAZ-Fragebogens. Den ausfüllen zu dürfen ist der heimliche Traum fast aller Männer. Doch bisher sind gerade die Wichtigsten nicht gebeten worden, sondern nur die »Adabeis« aus Wirtschaft und Politik. Damit die nicht so lange nachdenken müssen und am Ende doch nur Mozart als Lieblingskomponisten nennen, helfen die Kronberger Kreativen. In vollkommener Diskretion haben sie bislang die Antworten für immerhin 117 Kandidaten ersonnen, zwar in Absprache mit jedem, doch vor allem auf »Witz und Originalität« bedacht. Denn ein Mann will etwas Besonderes sein oder zumindest darstellen. Er versucht das, indem er sich durch 24-stündiges Unterwasserhaarschneiden im Guinness-Buch verewigt (94 % der Spaßrekorde kommen von Männern) oder bei »Wetten dass« antritt (91 % Männer). Angehende Verkäufer werden geschult, dass es darauf ankommt, männliche Kunden mit Namen anzusprechen. Während Frauen skeptisch reagieren, weil sie den Verkaufstrick wittern, fühlen Männer sich gewürdigt und in ihrer Bedeutung erkannt. Schweizer Händler, die Doktortitel aus Südamerika und Professorentitel von den Bahamas verhökern (ab 20 000 Mark), haben bisher keine weibliche Kundschaft gehabt.

7. Heldentum

Nur auf den ersten Blick ist die Eitelkeit der Helden ausgestorben. Auf den zweiten Blick ist sie überall zu sehen. Im schonungslosen Duell zweier Fahrer auf einer Allee in Brandenburg. In der Abwehrschlacht gegen feindliche Raumflotten am Computerterminal. Bei der Fahrkartenkontrolle in der U-Bahn, in der Alkoholfalle der Polizei, im Wartezimmer des Arztes. Kalt lächelnd lassen Männer sich von der Sprechstundenhilfe eine Spritze verpassen. Unerschrocken fangen sie eine Spinne, die ihre Gefährtin in Angst versetzt. Mutig begeben sie sich auf den dunklen Dachboden. Sie holen den Drachen vom Baum, der ihrem Sohn hängen geblieben ist. Jagen unter Lebensgefahr Silvesterraketen in den Himmel. Und arbeiten. »Der wahre Held ist heute der Workaholic«, hat Software-King Scott McNealy erkannt. »Er kämpft allein auf scheinbar verlorenem Posten, während kleinmütige Kreaturen sich ins Bett verziehen.« Dem Helden gebührt Bewunderung. Doch er ist sogar so heldenhaft, dass er notfalls ohne sie auskommt. Denn die letzte Bestimmung eines Mannes bleibt es, nach seinen Taten einsam und unverstanden in den Sonnenuntergang zu reiten. In die Freiheit des Lonesome Cowboy. Wer einem Mann die Illusion davon zu vermitteln versteht, kann – einschließlich Ehe und Babysitting – alles mit ihm anstellen.

Die 20 begehrenswertesten Männer
der Geschichte

»Wenn Sie eine Affäre mit einer historischen Person haben könnten«, fragten wir 1347 Frauen im Herbst 1998, »welche würden Sie wählen?« Hier die Top Twenty der meistgenannten Männer in ihrer Rangfolge.

1.	Che Guevara	11.	Ludwig II. von Bayern
2.	Jesus	12.	Mahatma Gandhi
3.	John F. Kennedy	13.	Goethe
4.	Tarzan	14.	August der Starke
5.	Giacomo Casanova	15.	Franz von Assisi
6.	Rasputin	16.	Ludwig XIV.
7.	Marquis de Sade	17.	Wladimir I. Lenin
8.	Napoleon	18.	Klaus Störtebeker
9.	Lord Byron	19.	Lord Nelson
10.	Frederic Chopin	20.	Christoph Columbus

Männer und ihre Haustiere – die sieben schönsten Beispiele

»Ein Mann verzärtelt Tiere nicht«, erklärt der Verband Deutscher Züchter. »Er hält sie artgerecht. Nirgends sonst beweist der Mann seine Überlegenheit als Pädagoge und Führungskraft so deutlich wie in der Aufzucht und Abrichtung eines Haustieres.« Dabei geht es zwar häufig um Hunde (besonders männlich: Rottweiler, Pitbull, Fila Brasileiro, Mastino und Bandog). Aber auch um exotische und manchmal nicht ganz ungefährliche Tiere, die in der üblichen Zimmerhaltung zu Unrecht vernachlässigt werden. Hier die sieben schönsten Beispiele aus männlich artgerechter Aufzucht.

1. Seinen Kaiman »Rudi« führt Hansi Oswald im Sommer täglich an die Baggerseen rund um Drispenstedt. »Rudi schwimmt und taucht gern in ruhigen Gewässern.« Dass die Gewässer zuweilen von anderen Schwimmern beunruhigt werden, hat Rudi anfangs gestört. »Inzwischen ist er auf den Geschmack gekommen.« Der possierliche Alligator liebt Menschen oder jedenfalls Teile davon. Anders als ein ausgewachsenes Krokodil kann sein Verdauungssystem nur kleine Brocken bewältigen. Aber mögen sie auch noch so klein sein, vielen Badegästen ist der Appetit von Rudi unheimlich. Es ist ruhig geworden an den Baggerseen um Drispenstedt. Fast zu ruhig, bedauert Oswald. Für das neue Jahrtausend wünscht er sich mehr Toleranz und Aufgeschlossenheit von den Menschen, gerade für bedrohte Tierarten.

2. »Er will doch bloß spielen!«, ruft Abrichter Gerd Bräser jedes Mal, wenn sein Mastino »Odin« wieder einmal einen Rollstuhlfahrer jagt. »Odin greift keine Kinder an«, erzählt Bräser im Münchener *Hundefreund* (8/98). »Er geht ausschließlich auf Behinderte los, denn jeder Hund ist ein Individuum und hat eigene Vorlieben.« Etliche Menschen, gesteht Bräser, zählen allerdings erst seit der Begegnung mit Odin zur Gruppe der Behinderten. Aber, meint sein Herrchen, »das muss Odin schon im Voraus irgendwie in der betreffenden Person gesehen haben. Tiere sind klüger als wir Menschen.«

3. Mit seiner Vogelspinne »Engel«, einem dicht behaarten Tierchen von nur zehn Zentimeter Durchmesser, erzielt Spinnenzüchter Walter Schmiedeke in Frankfurts abendlicher U-Bahn regelmäßig gute Gewinne. Das liegt an aufopfernder Dressurarbeit. Schmiedeke in der Fachzeitschrift *Tropisches Terrarium*: »Ich brauche Engel lediglich ein Kommando zuzurufen, schon springt sie einen ausgewählten Fahrgast an und fährt ihre Giftklauen aus.« Engel lässt erst ab, wenn der Fahrgast eine freiwillige Spende für Futter herausrückt. »Dann stellt sich das Tier dankbar auf die Hinterbeine und gewährt Sicherheit bis zur nächsten Station.«

4. Vor allem auf Kinderspielplätze zieht es den Kölner Altpunk Herbie Karwulke und sein Rattenpärchen »Poison« und »Ivy«. Auf der Tierseite des *Express* bedauerte er im Januar 1999 das mangelnde Verständnis vieler Mütter für die Spiellust gesunder Ratten. »Dabei können gerade Kleinkinder im Umgang mit den Tieren viel lernen.« Hysterische Mütter, die diese Ansicht nicht teilen, »müssen schon mal mit kleinen Bisswunden« rechnen. Doch das Missgeschick vom Frühjahr 1997, als Poison und Ivy in einen Zwillingskinderwagen sprangen und zwei Nasen abknabberten, soll sich nicht häufig wieder-

holen. »Damals hat das Wetter verrückt gespielt«, erklärt Karwulke. »Diese Tiere reagieren sehr sensibel.«

5. Als »muskulös und schön« bezeichnet der Bielefelder Züchter Christian Schmidt seine Anakonda »Carioca«. Weil die Schlange viel frische Luft braucht, geht er oft mit ihr spazieren, wobei er sie um die Schultern legt. Erfolg hat er damit vor allem in Einkaufszentren. »Anstehen, warten, höflich tun, das liegt mir einfach nicht«, berichtet Schmidt im *Exoten-Kalender 1999.* Und da sei es schön, dass er Carioca habe. »Obwohl ich immer wieder betone, dass sie keine Giftschlange ist, nehmen die Leute Reißaus.« Tatsächlich handelt es sich bei der Anakonda um eine Würgeschlange, die ihre Beute niemals beißt, sondern herzlich drückt. Manchmal auch übertrieben herzlich, »worüber sich aber nie einer beklagt hat«, einfach, weil zum Klagen die Luft fehlte.

6. »Für alte Menschen ist der Hund oft der letzte Partner«, erzählt Horst »Hotte« Egel vom Hundesportverein Alt-Leipzig. Mit seinem Dobermann »Bussi« sucht er vor allem Seniorenheime und angrenzende Waldstücke auf, damit es zur Begegnung zwischen Hund und altem Menschen kommen kann. »Im vergangenen Jahr«, berichtet er in der Verbandszeitschrift *Zwinger,* »war Bussi für neun alte Menschen der letzte, genau genommen der allerletzte Partner.« Eine Zahl, die sich gewiss noch steigern lässt. Zu den Beerdigungen geht Egel meist ohne seinen Liebling.

7. Berühmt geworden ist der Hamburger Tierfreund Norbert Metze durch seine Brieftauben. Sie sollten ihm das Geld überbringen, das er von einem Kaufhauskonzern erpresste. Doch sie überbrachten nur leere Briefumschläge, und ein Polizeihubschrauber flog hinterher. »Nach dem Gefängnis wollte ich was Vernünftiges tun«, erklärt Metze. Seither züchtet er Kampffische, macht sie

fit, präpariert sie für ihre hohe Aufgabe und lässt sie probeweise aufeinander los. »Wenn das Wasser sich färbt, steht der Sieger fest«, erläutert er. Auch das Aquarium des Bundeskanzleramtes hat Metze jahrelang mit den besten und härtesten Kämpfern beliefert. Seit eine andere Regierung im Amt sei, werde das entspannende Hobby dort nicht mehr gepflegt. »Kein Wunder, dass es mit dieser Gesellschaft bergab geht.«

22 Dinge,
die ein Mann getan haben muss

Die alten Patriarchen wussten noch Bescheid. Ein Mann, sprach der weise König Salomo, muss im Leben ein Haus gebaut, einen Sohn gezeugt und einen Apfelbaum gepflanzt haben. »Dann erst ist er ein Mann zu nennen.« Das klingt hart. Wer zur Miete wohnt, eine Tochter gezeugt hat und nur eine Yucca-Palme sein eigen nennt, fällt nach dem alten Gesetz durch. Doch zum Glück gibt es neue Propheten mit anderen Vorschriften. Und bei manchen liegt die Messlatte nicht so hoch. Hier ist die Check-Liste.

1. »Ein Mann muss sich gegen seinen Vater aufgelehnt haben.« – Schauspieler Paul Newman
2. »Ein Mann muss von zu Hause ausgerissen sein.« – Zen-Meister Jack Kerouac
3. »Ein Mann muss mindestens einen Vollrausch hinter sich gebracht haben.« – Poet Charles Bukowski
4. »Ein Mann muss drei Nächte hintereinander durchmachen können.« – Regisseur Rainer Werner Fassbinder
5. »Ein Mann muss sich einmal richtig geprügelt haben.« Tennisaltmeister John McEnroe
6. »Ein Mann muss in der Wildnis ums Überleben gekämpft haben.« – Abenteurer Jack London
7. »Ein Mann muss dem Tod ins Auge geblickt haben.« Bergsteiger Reinhold Messner
8. »Ein Mann ist erst ein Mann, wenn er von einer Frau geohrfeigt worden ist.« – Regisseur Orson Welles

9. »Ein Mann muss einmal im Bordell gewesen sein.« – Filmkünstler Federico Fellini

10. »Ein Mann muss eine Frau beschützen können.« – Schauspieler Hans Albers

11. »Ein Mann muss eine Jungfrau zur Frau gemacht haben.« – Schriftsteller Guy de Maupassant

12. »Ein Mann muss sich gründlich an der Börse verspekuliert haben.« – Millionär John D. Rockefeller

13. »Ein Mann muss wissen, wie man einen Karabiner durchlädt.« – Revolutionär Che Guevara

14. »Ein Mann sollte mindestens einen flotten Dreier hingelegt haben.« – Hitchcock-Star Cary Grant

15. »Ein Mann muss wenigstens einmal im Leben eine Havanna geraucht haben.« – Zigarrendreher Zino Davidoff

16. »Ein Mann muss ein Kondom durchstoßen haben.« – Sänger Freddie Mercury

17. »Ein Mann muss eine Frauenbeauftragte argumentativ besiegt haben.« – Umweltminister Jürgen Trittin

18. »Ein Mann muss einmal um seine Mutter geweint haben.« – Maler Henri Toulouse-Lautrec

19. »Ein Mann muss geheiratet haben und fremdgegangen sein.« – Regisseur Roberto Rosselini

20. »Ein Mann sollte wenigstens ein Buch angelesen haben.« – Fußballer Diego Maradona

21. »Ein Mann muss im Wald ohne Streichholz ein Feuer machen können.« – Politiker Mahatma Gandhi

22. »Ein Mann weiß erst, was er ist, wenn er im Bett versagt hat.« – Schauspieler Yves Montand

Die 50 männlichsten
Lebensmittel

1. Currywurst
2. Pommes rot-weiß
3. Würstchen mit Senf
4. Bauernfrühstück
5. Erbsensuppe (Dose)
6. Harzer Roller
7. Strammer Max
8. Rollmops
9. Salzgurken
10. Wurstsalat
11. Sardellenpaste
12. Buletten
13. Mini-Salami
14. Sandwich
15. Wurstbrot
16. Pizza (Kühltruhe)
17. Sol-Eier
18. Klöße
19. Ravioli (Dose)
20. Bratkartoffeln
21. Gebackene Bohnen
22. Hinterschinken (eingeschweißt)
23. Schweinskopfsülze
24. Tartar
25. Labskaus
26. Leberkäse
27. Hackbraten
28. Grützwurst
29. Blutwurst
30. Leberwurst
31. Schwarzsauer
32. Leber
33. Nieren
34. Bregen (englisch)
35. Presskopf
36. Räucherfleisch
37. Rippchen
38. Holzfällersteak
39. T-Bone-Steak
40. Schlachtplatte
41. Eisbein mit Erbsenpüree
42. Haxen
43. Bauchspeck
44. Saumagen
45. Aal, geräuchert
46. Matjes
47. Bitterschokolade
48. Pudding
49. Herrentorte
50. Alka Seltzer

2.
Der Mann
als Partner

13 auffallend treue und 13 untreue Männer

In unserem Auftrag fragte das Heiratsmagazin *Weiße Hochzeit* im Februar 1999 seine 34 521 Abonnentinnen: Welchen bekannten Mann finden Sie vorbildlich treu? Und welchen auffallend untreu? Hier die meistgenannten Männer – nach dem Alphabet.

13 treue Männer

1. Claus v. Amsberg, Prinz
2. Boris Becker, Tennisspieler
3. Norbert Blüm, Politiker
4. Tom Cruise, Schauspieler
5. Thomas Gottschalk, Entertainer
6. Günter Jauch, Moderator
7. Henry Maske, Boxer
8. Paul McCartney, Sänger
9. Rudolf Moshammer, Designer
10. Paul Newman, Schauspieler
11. Johannes Rau, Politiker

13 untreue Männer

1. Woody Allen, Regisseur
2. Charles, Prince of Wales
3. Bill Clinton, Politiker
4. Hugh Grant, Schauspieler
5. Julio Iglesias, Sänger
6. Mick Jagger, Sänger
7. Harald Juhnke, Schauspieler
8. Juan Carlos, König
9. Jack Nicholson, Schauspieler
10. Luciano Pavarotti, Sänger
11. Anthony Quinn, Schauspieler

12. Michael Schumacher,   12. Gerhard Schröder,
    Rennfahrer   Politiker
13. John Travolta,   13. Ulrich Wickert,
    Schauspieler   Moderator

Fünf Punkte für die erste Inspektion

Sie sind eine Frau. Und Sie haben einen Mann kennen gelernt. Der sieht ganz gut aus. Er hat irgendwie was. Sie sind an ihm interessiert. Und er an Ihnen. Und weil er was von Ihnen will, legt er sich voll ins Zeug. Stellt sich als optimalen Champion dar. Oder, wenn er damit mehr Erfolg hat, als humorigen Pechvogel. Er redet jedenfalls das Blaue vom Himmel herunter. Erzählt alles, nur nicht die Wahrheit über sich. Sein Ego soll Ihnen erstmal verborgen bleiben. Bleibt es aber nicht. Weil Sie wissen, wie Sie rankommen. Weil Sie Ihre Fragen auf indirekte Art stellen. Wie? Mit der Taktik des geheimen Verhörs. Hier ist sie.

1. Hat er schon eine Freundin?

Oder ist er gar verheiratet? Dann brauchen Sie nicht erst auf Druckspuren an seinem Ringfinger zu achten. Alles, was ihn entlarven könnte, hat er frühzeitig getarnt und beseitigt. Nur eines kann er nicht beseitigen: seine Sicherheit. An ihr erkennen Sie, dass er fest liiert ist. Ein Mann, der daheim Frau oder Freundin hat, tritt völlig selbstbewusst auf. Er hat sein Basislager. Nun will er noch ein paar Außenposten dazu erobern. Er ist galant. Er ist ritterlich (nicht zu seiner Frau, aber jetzt zu Ihnen). Sein geheimes Schuldgefühl übertönt er durch unüberhörbare Souveränität. Ein Single dagegen ist unsicher. Für ihn hängt vom Gelingen seines Flirts mehr ab. Verraten wird er über seinen Status allerdings auch nichts. Jeden dieser Typen müssen Sie aushorchen. Zum Beispiel, indem Sie nach dem letzten Urlaub fragen. Wo hat er den verbracht? Und dann setzen Sie nach. Interessiert, aber ganz arglos: Florenz? Und seid ihr da den ganzen Tag zu Fuß durch die Stadt gelaufen? Auf das »ihr« muss er reagieren. Falls er es ignoriert und verschwommen weiterredet, wissen Sie: Der hat mindestens *eine* Frau zu verbergen. Wenn Sie richtig was über Männer lernen wollen, sagen Sie: Du wirkst auf mich wie ein Mann, der einerseits nie ohne Frau sein kann – und der andererseits ein starkes Rückzugsbedürfnis hat. Oder täusche ich mich da? – Sie täuschen sich nicht. Denn das trifft auf jeden Mann zu. Aber er kommt jetzt ins Grübeln. Er findet sich selbst nämlich auch rasend interessant. Womöglich fängt er jetzt an, über Individualität und Gesellschaft zu philosophieren. Falls seine Ausführungen nebelhaft bleiben, fragen Sie einfach: Und wie wirkt sich das auf dein Leben aus? – Er wird Ihr Interesse an seiner Person mit reichhaltigen Auskünften belohnen.

2. Ist er zärtlich? Ein guter Liebhaber?

Jetzt müssen Sie sich seine Körpersprache ansehen. Ist er nervös oder ruhig? Ein zappeliger Mann hat für Zärtlichkeiten wenig Zeit und bringt es im Bett nicht zu großen Künsten. Ein ganz und gar Ruhiger hingegen ist faul. Nein, er sollte lebendig sein und dabei doch in sich ruhen. Hat er Schaufelhände? Mit denen kann er Sie packen, das mag mal ganz schön sein, aber besonders rücksichtsvoll ist er nicht. Feingliedrige Künstlerhände? Kann sehr zärtlich sein, ist aber empfindlich und narzisstisch. Wie isst oder trinkt er denn? Wie ein Westernheld: runter das Zeug? Oder kostet er andächtig und gibt sich ganz dem Geschmack hin? Und das ohne eitle Kennermiene? Einfach nur so genießerisch? Dann ist er zärtlich. Dann ist er gut im Bett. Es gibt wenige Männer, die genießen können. Aber diese wenigen sind die beglückenden Liebhaber. Fragen Sie mal nach seinen Hobbys. Er muss ja kein Blumenzüchter sein und kein Mitglied des Tierschutzverbandes. Aber hat er auch nur das Geringste für die Natur übrig? Nicht im Sinne eines Öko-Freaks oder Greenpeace-Aktionärs, die sind asketisch und unsinnlich. Nein, legt er sich einfach mal ins Gras und träumt in den Himmel? Oder sieht am Meer den Wogen zu? Dann nimmt er sich im Bett Zeit für Slow Sex, Zeit für Sie. Im Übrigen erkennen Sie beim Tanzen oder in der Art, wie er geht, sein Körpergefühl. Die Bewegungen von Armen und Beinen passen ja hoffentlich zusammen. Und sind gelöst. Locker. Entspannt. So, dass Sie den Eindruck haben, da fließt Energie. Beim Tanzen muss der ganze Mann eine einzige Bewegung sein. Dann hat er ein gutes Gefühl für seinen Körper. Und für Ihren.

3. Ist er treu?

Sie können es sich ganz einfach machen und nach seinem Sternbild fragen. Wenn er junger Stier oder alter Löwe oder Widder oder Zwilling oder Schütze ist, dürfen Sie sicher sein: Er wird Sie betrügen. Aber Sie können es auch sehen. An seinem Blick. Ein loyaler Mann hat einen steten, festen Blick. Er weicht nicht aus, auch wenn Sie ihn lange ansehen. Er sieht Sie nicht nur an, während er zuhört. Er sieht Sie sogar an, wenn er mit Ihnen spricht. Ein untreuer Mann wandert derweil mit seinen Blicken im Raum herum. Gar nicht, weil er da schon die nächste Frau erspähen will. Sondern weil er sich in der Intimität der nahen Blicke eingeengt fühlt. Und Männer, die sich leicht eingeengt fühlen, sind nun mal untreu. Fragen Sie ihn doch mal, ob das seine Lieblingsfarbe ist, die er da trägt. Oder welche Farbe er sonst gern hat. Blau? Schade. Ein Mann mit Vorliebe für Blau ist ein Ausweicher. Einer, der immer auf Distanz geht. Der sich Luft verschafft. Und wie? Indem er anderen Frauen nachsteigt. Rot? Okay, er ist vital. Er weicht Konflikten nicht aus. Aber er braucht den Konflikt auch. Er will Widerstand fühlen. Er braucht die Eroberung. Er kann nicht treu sein. Grün trägt er? Ohne dass er Jäger ist? Grün liebt er? Das ist gut. Aber selten. So selten wie ein treuer Mann.

4. Ist er großzügig?

Ob er Geld hat, sehen Sie an seinem Outfit. Erfahren Sie, wenn Sie nach seinen Reisen fragen. Nach seiner Wohnung und seinem Lieblingsdesigner. Und wenn er, was jeder Mann gern tut, von seinem Job erzählt. Er hat Geld? Schön, aber ist auch welches für Sie übrig? Er hat Sie zu einer Cola eingeladen. Und ist auch bereit, ein Bier auszugeben. Er fragt Sie, ob Sie ein Stück Pizza wollen. Aber was bedeutet das? Nichts Gutes. Natürlich tut jeder Mann am Anfang großzügig. Aber Sie durchschauen schnell, ob in Wahrheit Geiz dahinter steckt. Wenn er selber bestimmt, was geordert wird – Motto: Ach, wir nehmen noch ein Bier, okay? –, dann ist er ein Knauser. Besser sieht es aus, wenn er Sie bestimmen lässt, was auf den Tresen kommt. Und wenn er nicht zuckt, wenn Sie den teuersten Cocktail bestellen. Aber Sie sollten ihn dazu noch um einen Rat bitten. Sie wollen nämlich Ihren Eltern was schenken. Oder Ihrer guten Freundin. Und wissen nicht was. Sie fragen ihn nach Vorschlägen. Wenn er gleich mit Ideen kommt, wunderbar. Dann denkt er daran, wie er anderen was Gutes tun kann; Ihnen zum Beispiel. Aber vielleicht müssen Sie nachhaken: Was würde er denn so seinen Eltern schenken, Eltern haben doch eigentlich alles; oder seinen Geschwistern? – Bei der Gelegenheit erfahren Sie gleich, ob er Fantasie hat. Wenn er den Techno-Mix verschenken will, der gerade aus den Lautsprechern dröhnt, ist es damit nicht weit her. Andere Möglichkeit: Sie stöhnen über die Steuern, die Sie zahlen müssen. Klinkt er sich gleich ein und lamentiert, dass ihm gar kein Geld mehr bleibt, wird er beim Sparen gleich bei Ihnen anfangen. Wenn er dagegen findet, man müsse dem Staat auch mal was abtreten, wird er Ihnen erst recht was gönnen.

5. Wie denkt er über Frauen?

Jeder Mann ist bereit, sich für die Rechte der Frauen stark-zumachen. Aber nur in seiner Werbephase. Die wahre Gesinnung kommt später ans Tageslicht. Wenn Sie jedoch gleich am Anfang genau hinhören, wissen Sie rechtzeitig Bescheid. Fragen Sie ihn nach seinen Lieblingsfilmen. Wenn er für Westernschinken oder Komödien aus dem alten Hollywood schwärmt, ist alles klar: Dann findet er, dass Frauen an den Herd gehören, möglichst singend und mit Schürze, während Männer ins Abenteuer ziehen. Wenn er Thriller und Action-Spektakel schätzt, weiß er zwar, dass seine Mannes-Rolle nicht mehr unangefochten ist, aber er möchte sie zurückerobern. Möchte zeigen, dass er doch der Stärkere ist. Wenn er Geistreiches und Problemfilme à la Jodie Foster mag, ist er am ehesten zu Zugeständnissen bereit. Dann zweifelt er an der traditionellen Aufgabenteilung. Aber Sie wollen es genauer wissen. Er macht auf Sie den Eindruck, als habe er schauspielerische Begabung. Behaupten Sie. Und fragen gleich, welche Filmrolle er gern gespielt hätte oder spielen würde. Und wenn Sie das wissen: Warum? Was reizt ihn daran? Dabei erfahren Sie eine Menge über sein Selbstverständnis als Mann. Vielleicht will er so etwas nun auch von Ihnen wissen: Und welche Rolle würdest du gern spielen? Dann verraten Sie das nicht, sondern fragen erstmal: In welcher würdest du mich denn sehen? Und in welcher Nebenrolle die Frau da drüben? Und warum? Behutsames Nachfragen fördert alles und noch mehr über sein Frauenverständnis zu Tage.

21 Dinge, an denen Sie erkennen, was für ein Vater er wäre

Sie sind eine Frau. Sie kennen da einen Mann, den Sie nicht gleich heiraten wollen, das nicht. Trotzdem haben Sie sich schon mal Gedanken gemacht, wie der so wäre als Ehemann und als Vater Ihrer Kinder. Es gibt da ein paar Symptome. Ein paar unscheinbare Verhaltensweisen, aus denen Sie schon eine Menge schließen können.

1. Er hat tausend Ideen. Ihm fällt immer was ein!

Flop! Ein Mann mit tausend Ideen hat garantiert Schwierigkeiten, auch nur eine einzige zu verwirklichen. Und weil er seine Ideen nicht verwirklicht, glaubt er immer, andere hinderten ihn daran. Als Schuldige macht er zuerst die Frau aus und später die Familie.

2. Er liest beim Frühstück die Zeitung. Und zwar von hinten nach vorn.

Top! Dass er morgens noch nicht zum Talk aufgelegt ist, sei ihm verziehen. Dass er die Zeitung von hinten nach vorn liest, zeigt aber: Er hat Interesse an Witz, Spiel, Klatsch, Storys. Genau wie Kinder. Entertainment ist ihm wichtiger als große Politik. Die Kids werden dankbar sein.

3. Er kennt mehr Frauen als Männer.

Flop! Er ist ein kleiner Narziss und sucht Bewunderung. Die findet er bei Frauen leichter als bei Männern, die er außerdem als Konkurrenten sieht. Wenn das erste Kind kommt und er nicht mehr Mittelpunkt ist, wird er Trost bei den

Girls suchen. An den Gedanken, Vater zu sein, wird er sich nie ganz gewöhnen.

4. Im Treppenhaus unterhält er sich manchmal mit der nervtötenden Oma aus dem zweiten Stock.
Top! Er hat Mitgefühl mit alten Leuten. Er trägt ihr sicher auch mal die Plastiktüte in die Wohnung. Heißt: Er kümmert sich um andere. Er wird sich auch um seine Kinder kümmern. Wird ihnen helfen. Wird sich für sie interessieren. Sollten alle Väter tun, tun aber die wenigsten.

5. Er ist so rücksichtsvoll! Wenn er Musik hört, die ich nicht mag, setzt er Kopfhörer auf.
Flop! Die Kopfhörer wird er auch aufsetzen, wenn er babysitten soll. Für ihn ist das Wichtigste an den Headfones nicht, dass er niemanden stört, sondern dass er selbst nicht gestört wird. Er will seine Ruhe haben. Und je älter er wird, desto mehr. Da dürfen die Kinder nur auf Zehenspitzen gehen.

6. Seufz: Er sieht gern Fußball. Schlimmer noch: Er spielt gern Fußball.
Top! Er will zwar am liebsten einen Sohn haben, um mit dem zu kicken. Aber mit der Tochter wird er Federball spielen. Jedenfalls geht er gern raus und spielt dann mit anderen. Ideal für Kinder. Und für Mütter, die mal ihre Ruhe haben wollen.

7. Viele Männer wissen weder, wie man Fenster putzt, noch, wie man Staub saugt. Aber bei ihm ist es immer blitzsauber!
Flop! Er kann Schmutz nicht ertragen. Will keine Flecken auf der Tischdecke sehen und keinen Straßenstaub auf dem Teppich. Auch wenn er behauptet, bei Kindern würde er ein Auge zudrücken – ihm graust schon jetzt vor der Kleckerei.

8. Im Urlaub ist es ein bisschen langweilig mit ihm. Statt rumzufahren, bleibt er am liebsten an einem Ort.

Top! Genau das, was mit Kindern angesagt ist. Die brauchen im Urlaub ihr Strandhäuschen, zwei Schwimmflossen und jemanden, der sie zum Essen ruft. Wenn ihm das auch genügt – ein Spitzenvater. Und solange er aufpasst, können, Sie ja die Szene abchecken.

9. Er ist vernünftigen Argumenten zugänglich. Jedenfalls kann ich ihn meistens umstimmen.

Flop! Wenn Sie ihn leicht umstimmen können, werden die Kinder das noch besser können. Denn wie man Erwachsene einwickelt, haben die Kleinen schon im Säuglingsalter raus. Kinder brauchen eine Linie, an der sie sich orientieren können, brauchen Konsequenz. Hat er nicht.

10. Er trägt häufig diese bescheuerte rote Mütze. Und tut auch sonst manches, was eher peinlich ist.

Top! Jedenfalls geniert er sich nicht! Und passt sich nicht um jeden Preis an. Optimal für Kinder, die nun mal kleine Individualisten sind und sich nicht danach richten, was angesagt ist. Er kann albern sein. Gut für sie. Auf ihrer Seite wird er sein, nicht auf der Seite der braven Erwachsenen.

11. Er ist ziemlich gebildet. Er kann stundenlang in einem Buch versinken.

Flop! Er kann nicht nur, er will im Buch versinken. Er will die lärmende Welt vergessen. Und Sie werden dafür zu sorgen haben, dass die Kinder ihn dabei ja in Ruhe lassen.

12. Man gesteht es ungern: Aber ab und zu fährt er zum Baumarkt. Er ist so ein Hobbybastler.

Top! Die meisten Männer sind unpraktisch. Aber er ist einer, der anpackt. Der nicht nur rumredet. Der kleine Sachen im

Haushalt selbst reparieren kann. Er wird auch beim Wickeln nicht die Flucht ergreifen. Und sich bei Bauklötzen nicht zu Tode langweilen.

13. Er ist süß verspielt! Bei »Tomb Raider« hat er alle Versionen in Rekordtempo geschafft, und bei »Tetris« 30 000 Punkte erzielt.
Flop! Der Mann ist computersüchtig. Spielen wird er mit den Kindern frühestens, wenn die ihren ersten Joystick bedienen können. Bis dahin wird er vor dem Bildschirm hängen, wenn das Baby schreit, und dringende Speicher-Probleme lösen, wenn er das Fläschchen halten soll.

14. Manchmal kommt er mir faul vor. Unsere letzte Reise musste ich organisieren.
Top! Die meisten Männer trauen Frauen das Organisieren nicht zu. Wollen alles selbst unter Kontrolle haben. Motto: Das kannst du sowieso nicht. Wenn er ihnen knifflige Aufgaben überlässt, ohne Ihnen reinzureden, wird er auch die Kinder ihre eigenen Lösungen finden lassen. Optimal für das Selbstvertrauen.

15. Er ist unglaublich spendabel. Er lädt seine Freunde ein. Kauft mir dauernd was.
Flop! Er erkauft sich Sympathien. Er gibt Geld aus, um Leute zu beeindrucken. Um sie freundlich zu stimmen. Damit sie ihn nett finden. Er wird auch vieles tun, damit Kinder ihn mögen. Er wird sie bestechen – mit Süßigkeiten, mit Geld. Und er wird ihnen erlauben, was Sie gerade verboten haben.

16. Er ist nicht gerade ein Fighter.
In der Schlange lässt er andere vor, im Flieger besteht er
nicht auf dem gebuchten Fensterplatz.
Top! Der Mann ist rücksichtsvoll. Kein Egoist. Hat ein Auge
für andere. Der wird merken, was die Kinder bedrückt, ohne
dass sie es erklären müssen. Er achtet auf sie. Er wird seine
Macht nicht ausspielen. Er ist fair.

17. Jeden Sonntag macht er mir Frühstück.
Flop! Denn von Montag bis Sonnabend macht er es nicht.
Zu beschäftigt? Klar, das wird er immer sein. Er wird ein
Sonntagsvater sein. Einer, der am Wochenende den großen
Zampano rauskehrt, den Ball über den Zaun kickt und Eis
spendiert. Und der Ihnen für den Rest der Woche die Arbeit
überlässt.

18. Leider hat er auch mal Dreck unter den
Fingernägeln.
Besonders, wenn er aus dem Keller kommt.
Top! Er repariert Ihr Fahrrad! Schon gemerkt? Jedenfalls
scheut er sich nicht vor kleinen Schmutzarbeiten. Wenn was
getan werden muss, redet er nicht lange, sondern sieht sich
das an und macht was. Er wird den Kindern Tricks und
Kniffe beibringen. Und wird viel mit ihnen unternehmen.

19. Er ist was Besonderes. Er macht sein Ding.
Flop! Genau: Er macht sein Ding. Und das wird er auch machen, wenn Sie umziehen müssen oder wenn Ihr Auto liegen
geblieben ist oder wenn Sie zufällig ein Kind kriegen. Er hat
ja nichts dagegen. Solange Sie ihn nur alles machen lassen,
was ihm Spaß macht. Er meint, er hat ein Recht darauf, weil
er was Besonderes ist.

20. Wenn wir ausgehen wollen und ich ziehe mich noch um, setzt er sich hin und liest Zeitung.
Top! Okay, er könnte in der Zeit auch Ihren Abwasch übernehmen. Aber wenigstens drängt er Sie nicht. Er hat Geduld. Und das ist die goldene Tugend im Umgang mit Kindern.

21. Er interessiert sich für Mode, kennt die Trends. Er achtet darauf, wie er wirkt.
Flop! Er will vor allem einen guten Eindruck machen. Mit plärrenden Kindern schwer möglich! Er wird sich mit ihnen genieren. Und sie möglichst oft zu Ihnen abschieben. Er ist ein Single und möchte das auch als Vater bleiben.

Die 33 meistgefürchteten Frauen

Exklusiv für dieses Buch unternahm im November 1998 der *Bundesverband der deutschen Institute zur Eheanbahnung* eine repräsentative Umfrage unter 8242 heiratswilligen Männern im Alter zwischen 18 und 58. Einzige Frage: »Wenn Sie an bekannte Frauen denken, mit welcher möchten Sie auf keinen Fall verheiratet sein?« Hier ist das Ergebnis, geordnet nach der Intensität des erregten Schreckens.

1. Mutter Beimer
2. Ursula Engelen-Kefer
3. Angela Merkel
4. Christa Müller-Lafontaine
5. Hera Lind
6. Maria Jepsen
7. Alida Gundlach
8. Claudia Nolte
9. Camilla Parker-Bowles
10. Gunda Röstel
11. Evelyn Hamann
12. Sissy de Maas
13. Verona Feldbusch
14. Lea Rosh
15. Herta Däubler-Gmelin
16. Regine Hildebrand
17. Ilona Christen
18. Sarah »Fergie« Ferguson
19. Gaby Papenburg
20. Nina Ruge
21. Elke Heidenreich
22. Monica Lewinsky
23. Margarete Schreinemakers
24. Hella von Sinnen
25. Hannelore Kohl
26. Nina Hagen
27. Rita Süssmuth
28. Lilo Wanders
29. Monika Wulf-Mathies
30. Sigrid Löffler
31. Antje Vollmer
32. Elfriede Jelinek
33. Dirk Bach

20 Gründe,
aus denen Männer heiraten

John Lennon heiratete, weil Yoko Ono es befahl. Sylvester Stallone, um im Alter nicht allein zu sein. Larry Fortensky, um an Liz Taylors Millionen heranzukommen. Michael Jackson, um nicht als schwul zu gelten. Warum heiraten normale Männer? Neue Umfragen fördern manche Überraschung zu Tage. Sogar Liebe spielt in der Hitliste der Männer eine Rolle. Hier ist die Top Twenty der männlichen Heiratsgründe, für dieses Buch ermittelt vom *Taunus Institut für Kultursoziologie* im Februar 1999.

1. Wegen der Steuer (74 %)

Das nüchternste Argument für das Heiraten ist jedem Mann bekannt. Allerdings zieht es nur, wenn er tatsächlich was verdient. Kein Mann heiratet ausschließlich, um vom Finanzamt was zurückzukriegen. Doch bei langjährigen Partnerschaften gibt das oft den Ausschlag. Devise: Jetzt bin ich sowieso schon so lang mit ihr zusammen, wenn wir vor Jahresende heiraten, kann ich mir ein neues Auto kaufen.

2. Weil die Frau es will (64 %)

Sind Männer so gehorsam? Nein, gleichgültig. Wenn sie mit einer Frau länger zusammen sind, ist ihnen der Status der Beziehung irgendwann egal. Und dann sagen sie: Okay, wenn du so gerne heiraten möchtest, machen wir das eben. Zwei Drittel aller verheirateten Männer behaupten, sie hätten dem Wunsch der Frau nachgegeben.

3. Weil es beruflich günstig ist (59 %)

Jeder zweite Mann nennt diesen Grund. Zu Recht. Denn wer Karriere machen will, muss verheiratet sein. Die Bosse nehmen an, dass bei einem Ehemann alles gesettelt ist. Dass er sich zu Hause ausweinen kann, wenn ihn Probleme drücken. Dass er dort einen Ausgleich hat für beruflichen Stress. Und dass er seine Zeit und Energie nicht als Don Juan verplempert.

4. Um eine Familie zu gründen (52 %)

Kinder, finden die meisten Männer, sollten in stabilen Verhältnissen aufwachsen. In einer festen Familie. Und eine feste Familie ohne Ehe, das gibt es nun mal nicht. Okay. Aber auch umgekehrt wird für Männer ein Argument daraus: Eine Ehe ohne Familie, das ist überflüssig. Motto: »Wozu jetzt heiraten? Das mache ich erst, wenn ich Kinder haben will.«

5. Weil ein Kind unterwegs ist (44 %)

Das haben sie nun davon. Sie zögern und zaudern, bevor sie sich binden. Erst wenn die Freundin schwanger ist, geben sie sich einen Ruck. Oft scheint es, als hätte der Mann nur auf diesen äußeren Druck gewartet. Soll eine heiratslustige Frau also einfach schwanger werden? Lieber nicht. Immerhin in gut der Hälfte aller Fälle setzt das Pflichtgefühl der Männer aus.

6. Um es auszuprobieren (40 %)

Erstaunlich hoch in der männlichen Hitliste: Die Ehe als Versuch. Als interessantes Experiment. Wieso? Wollen die Kerle nur mal so spielen? Naja. Auch. Aber sie sind vor allem unsicher. Sie sind von der eigenen Ehetauglichkeit nicht überzeugt. Aber sie lassen es auf einen Versuch ankommen, um am Ende nicht das Gefühl zu haben, sie hätten was versäumt.

7. Aus Einsamkeit (38 %)

Männer geben sich zwar gern als einsame Wölfe, streifen allein durch die Nacht oder verschwinden als kleine Figur am Horizont. Aber das sind Filmbilder und Plakatwände im Kopf. Ideale, die der Wirklichkeit nicht standhalten. Und die Wirklichkeit heißt: »Fernsehen ist zu zweit doch schöner.« Oder: »Irgendwie gut, wenn man nach Hause kommt, und jemand ist da.«

8. Aus Tradition (33 %)

Jeder dritte Mann sagt: Man heiratet, weil das üblich ist. Weil das erwartet wird. Weil die Eltern das auch gemacht haben. Klingt nicht nach überschäumender Begeisterung, hat aber Aussicht auf Bestand. Männer, die sich konventionell orientieren, werfen bei Krisen nicht so schnell die Flinte ins Korn. Andererseits neigen sie dazu, Konflikte unter den Teppich zu kehren. Hauptsache, das äußere Erscheinungsbild bleibt gewahrt.

9. Um Ruhe zu haben (31 %)

Bei Männern um die dreißig eines der häufigsten Argumente: Nun reicht's mit dem ewigen Up and Down. Genug gewechselt. Genug probiert. Jetzt muss mal Ruhe einkehren an der Privatfront. Damit die Power ungetrübt in den Job investiert werden kann. Scheint egoistisch. Ändert sich aber während der Ehe. Der große Karriere-Ehrgeiz flaut nach ein paar Jahren ab.

10. Zum Repräsentieren (29 %)

Für beinahe jeden dritten Mann soll die Frau ein Schmuckstück sein. Sie soll was herzeigen. Soll durch ihre Anwesenheit seinen eigenen Wert steigern. Unromantisch? Klar. Aber Kalkül spielt bei jeder vernünftigen Eheschließung eine Rolle. Bei Frauen übrigens noch mehr als bei Männern.

11. Um Beistand zu finden (27 %)

Stand by your man, krähte Tammy Wynette. Weil ein Mann Unterstützung braucht. Rückhalt. Und den erhofft sich jeder Vierte von einer getreuen Ehefrau. Wenn jemand aber nicht nur Beistand, sondern Halt sucht, wenn die Ehe sein Strohhalm ist, wird es gefährlich. Ungefährlich: Wenn er einfach jemanden haben will, der hinter ihm steht.

12. Aus Loyalität (25 %)

Ein netter Grund: Jeder vierte Mann heiratet, weil er sich zu seiner Freundin bekennen will. Weil er jedem zeigen will, dass er sie mag. Dass er zu ihr steht. Dass sie sich auf ihn verlassen kann. Höchster Neueinsteiger. Vor zehn Jahren noch nicht in der Top Twenty. Die Bereitschaft, Verantwortung zu übernehmen, wächst neuerdings. Jedenfalls im privaten Sektor.

13. Aus Romantik (23 %)

Vor allem jüngere Männer zwischen 18 und 25 nennen diesen Grund. Wenn sie schwärmen. Wenn die Liebe wie ein einziger Taumel ist und die Leidenschaft ein Rausch. Dieses High wollen sie fest halten. Und damit es bleibt, wird es per Unterschrift besiegelt. Wenn es sein muss, gegen den Willen der Eltern. Oder in einem anderen Land. Wie die Ehe dann wird? Ernüchternd.

14. Weil die Frau Geld hat (20 %)

Immerhin jeder fünfte Mann möchte von Einkommen, Besitz oder Erbe der Frau profitieren. Sie soll eine gute, mindestens aber solide Partie sein. Achtung: Mit zunehmender Berufstätigkeit und finanzieller Unabhängigkeit der Frauen klettert dieses Argument auf der männlichen Hitliste unaufhaltsam nach oben. Vor zehn Jahren war es noch auf Platz 19.

15. Aus Angst vor dem Altern (19 %)

Dieser Grund spielt in der Gruppe der 30–39-Jährigen eine entscheidende Rolle. Auch dem noch etwas älteren Warren Beatty war nach eigenem Bekunden der Gedanke unerträglich, allein und ohne weibliche Stütze alt zu werden. Oldtimer Udo Jürgens: »Ein Single lebt wie ein König und stirbt wie ein Hund.«

16. Aus Bedürfnis nach Sicherheit (17 %)

Die Welt wird bedrohlicher. Nicht in Wirklichkeit, aber in den Medien. Deshalb findet sich dieser Grund zum ersten Mal in der Hitliste. Zusammenrücken, Nest bauen, Wärme schaffen gegen die kalte Welt. Interessant dabei: Männer fassen den Entschluss zur Heirat häufig nach einem Schicksalsschlag (Unfall, schwere Krankheit oder Tod eines Elternteils).

17. Weil die Eltern es wollen (12 %)

Auch das gibt es noch: Die Eltern befehlen, und Sohnemann gehorcht. Söhne folgen dabei dem weisen Ratschluss der Mutter eher als dem des Vaters. Frauen sollten bei der Heirat wissen, wie stark der Einfluss der Eltern ist. Sonst droht ihnen die übermächtige Schwiegermutter.

18. Aus Liebe (10 %)

Na, endlich! Und immerhin! Jeder zehnte Mann heiratet vor allem oder überhaupt nur, weil er liebt. Weil er eine tiefe Zuneigung zu der Frau hegt. Weil sie sein Herz rührt wie keine andere. Weil seine Gefühle ihm eindeutig die Richtung weisen. Das Problem: Männer trauen ihren Gefühlen so wenig, dass sie Liebe nur selten als einzigen Grund gelten lassen.

19. Aus Eifersucht (8 %)

Klar, gibt es das: Um die Frau endlich mal aus dem Rennen zu nehmen, wird sie geheiratet. Damit andere Männer ihr nicht mehr nachstellen. Und damit sie die Zügel spürt. Aus demselben Motiv wird der Mann sie vermutlich alsbald zur Mutter machen. Auf dass sie endgültig festgenagelt ist. Verraten wollen Männer diesen Grund allenfalls auf anonymen Fragebögen.

20. Um Hausmann zu sein (6 %)

In keiner früheren Umfrage erschien dieser Punkt. Nun ist er da. Es sind noch nicht viele Männer, aber immerhin sechs von hundert, die sich mit dem Gedanken anfreunden, die Frau solle Karriere machen. Sie selbst wollen dann auf der Couch liegen, Chips knabbern und fernsehen. Oder in ihrer Sprache: »Im Haus die Verantwortung übernehmen«. Viel Spaß.

Die nächsten zehn Plätze (unter 5 %):

Weil ihre Eltern es wollen. Um von zu Hause loszukommen. Um jemanden für Haus und Küche zu haben. Um die Trennung von einer anderen Frau zu überwinden. Um jemanden zum Gespräch zu haben. Um meine Freunde zu beeindrucken. Um Ersatz für meine Mutter zu bekommen. Damit ich als erwachsen gelte. Um mich an einer anderen Frau zu rächen. Um ihr zu helfen.

Zehn Gründe,
aus denen Männer fremdgehen

1. Weil es das Ansehen hebt
Und das nicht nur unter Männern. Auch bei Frauen. Der Wiener Soziologe Gert Brunner: »Ein untreuer Mann weckt bei Frauen zwar Skepsis, mehr aber noch Neugier. Was mag an dem Kerl dran sein?« Casanova schrieb, bei den ersten zehn Frauen habe er sich noch Mühe geben müssen. Von da an eilte ihm der Ruf voraus und ebnete den Weg. Nicht der Ruf eines raffinierten Liebhabers, sondern einfach der Ruf eines Mannes, der Frauen verführt. Und so ließen sie sich denn verführen. Typen wie Casanova oder James Bond oder Warren Beatty sind für Männer vorbildlich. Auf die Frage »Wären Sie gern ein Frauenheld?«, antworteten 87 % der Männer zwischen 18 und 38 mit Ja. Weitere 11 % behaupteten: »Ich bin es.« (Brunner Institut, Okt. 1998)

2. Weil sie Bestätigung brauchen
Das ist ein altes Klischee. Und wie so manches andere Klischee trifft es den Kern. Aber wofür brauchen Männer Bestätigung? »Für ihre Potenz«, sagt der Offenbacher Sexualwissenschaftler Jürgen Kosanke. »Männer wollen potent sein. Sie wollen gute Liebhaber sein. Und insgeheim fürchten sie, dass sie beides nicht sind, jedenfalls nicht genügend. Deshalb müssen sie es immer wieder hören. So brauchen sie stets neue Zeuginnen für ihre Männlichkeit.« Eine feste Partnerin kann nach Meinung des Experten allerdings gegensteuern, indem sie fleißig Komplimente erteilt. Kosanke: »Im Gegensatz zur Frau muss ein Mann beim Sex etwas

Sichtbares leisten. Er muss mindestens eine Erektion zustandebringen. Und jeder, der etwas leistet, verlangt nun mal nach Bestätigung und Lob.«

3. Weil die Chemie sie steuert

Für Lust und Begierde sind im Gehirn Phenylethylamine verantwortlich, körpereigene Drogen, die wie Aufputschmittel wirken. Im Zustand der Verliebtheit werden sie pausenlos produziert, bei Männern und Frauen gleichermaßen. Nach drei Monaten sinkt der Pegel. Das jedoch geschieht bei Männern und Frauen nicht im gleichen Umfang. Warum – das ist den Forschern noch unklar. Der amerikanische Endokrinologe John Money meldet: »Bei Frauen bleibt der Output dieser Chemikalien auch nach drei Monaten in einer Beziehung auf hohem Niveau. Bei Männern sinkt er auf den Zustand vor der Beziehung zurück. Man kann sich vorstellen, dass Männer nach drei Monaten an Entzugserscheinungen leiden. Schließlich handelt es sich um drogenartige Substanzen. Und dass sie die Produktion wieder ankurbeln wollen.« Zum Beispiel durch Fremdgehen.

4. Weil sie sich für Abenteurer halten

Einige Forscher halten es für ein Relikt aus den Urzeiten der Jägerkulturen, andere glauben, es sei anerzogen – Männer wollen Abenteurer sein. Sie sind es nur selten, doch sie träumen viel davon. Und in wechselnden Affären erfahren sie davon noch einen Hauch. »Immerhin ist ein gewisser Gefahrenkitzel dabei«, meint der Berliner Eheberater Roland Hänsel. »Zum einen lockt der Reiz des Unbekannten, nicht nur im Bett. Die neue Eroberung führt in andere Stadtviertel oder Städte, in eine neue Umgebung, zu anderen Leuten. Zum anderen ist man in geheimer Mission unterwegs, entwickelt Strategien, arrangiert, verbirgt, wagt etwas. Viele Männer lockt dieser Kitzel mehr als die sexuelle Erfahrung selbst.«

5. Weil sie die Nähe fürchten

Männer sprechen gern von ihrem Bedürfnis nach Freiheit. Psychologen nennen es die Angst vor Nähe. Wo sie herkommt, ist umstritten. Die Konsequenzen jedoch sind klar. »Männer möchten sich immer mal wieder ihrer Unabhängigkeit versichern«, beobachtet die Kölner Therapeutin Eva Hartmann. »In einer engen Beziehung fühlen sie sich zu leicht kontrolliert und unterdrückt. Sie merken, dass sie verletzbar, also auch abhängig werden. Ihre Frau oder Freundin will sie keineswegs zu Gefangenen machen. Aber sie haben diese vagen Ängste nun mal (»Angst« kommt von »eng«), und um ihnen zu entgehen, lassen sie die Beziehung von Zeit zu Zeit einfach etwas abkühlen. Sie müssen immer mal wieder Distanz schaffen, und das geht am leichtesten, indem sie einer anderen Frau nachsteigen.«

6. Weil ihre Beziehung gut ist

Traurig, aber wahr: Ausgerechnet, wenn die Beziehung intakt ist, gehen Männer auf die Pirsch! Bei Frauen ist es umgekehrt. Sie gehen fremd, wenn die Beziehung schlecht ist. »Frauen suchen dann in einem Seitensprung Trost und Verständnis«, sagt der Münchener Psychologe Georg Moosbacher. »Dieses Motiv ist Männern fremd. Wenn sie Trost haben wollten, müssten sie ja Schwäche zugeben. Und das werden sie niemals tun, wenn sie eine andere Frau erobern wollen. Vielmehr müssen sie sich zum Fremdgehen stark fühlen. Dazu brauchen sie als Startbasis eine gute Beziehung. Sie glauben: Diese Bastion ist mir sicher. Nun kann ich es wagen, noch neue dazu zu gewinnen.«

7. Weil sie immer auf der Suche sind

Harvard University, Anfang 1999. Bei einer Befragung von über zehntausend Männern kommt zum Vorschein: Je besser die Bildung eines Mannes, desto größer seine Neigung zum Fremdgehen. Wieso? »Wer dumm ist, legt früh zufrieden die Hände in den Schoß«, sagt Studienleiter Prof. Duane Kelly. »Erst mit dem Grad der Bildung eines Mannes wächst sein Gefühl, dass ihm etwas fehlt an seinem Glück. So macht er sich auf die Suche – nicht nur geistig, auch körperlich. Er sucht neue Erfahrungen. In der Kultur, in anderen Ländern, bei anderen Menschen, bei anderen Frauen. Er weiß nicht einmal, was ihm fehlt. Er weiß nur, dass er etwas sucht.« Und die suchende Frau, die gibt es nicht? »Doch! Aber sie sucht nicht in der Weite, sondern in der Tiefe. Zum Beispiel in der Tiefe einer Beziehung.«

8. Weil die Gene es so wollen

Die klassische Begründung für das Fremdgehen der Männer war zwei Jahrzehnte lang out. »Wir wollten nicht wahrhaben, dass uralte Gene mächtiger sind als der freie Wille«, sagt die französische Biologin Nadine D'Artagnan. »Nun müssen wir eingestehen: Es lässt sich nicht ändern. Jeder Mensch trägt in seinen Genen den Auftrag, den Fortbestand der Art zu sichern. Die Frau kann das am besten, indem sie einen sorgsam ausgewählten Mann zur Ernährung und zum Schutz an sich bindet. Der Mann sichert den Fortbestand am besten, indem er seine Gene möglichst vielfältig verteilt, vor allem auf fruchtbare, also junge Frauen.« Historisches Indiz: Mehr als 1000 von 1154 Menschheitskulturen gestatteten dem Mann die Polygamie. Unsere nicht. Aber das stört ihn keineswegs. »Die Gene wissen nichts von Unterhaltspflicht.«

9. Weil es ihnen ein Machtgefühl verleiht

Jahrelang hat die britische Sexforscherin Kaye Wellings eine Statistik über Ehebrecher geführt. Ergebnis: Männer wollen Macht demonstrieren. Und das versuchen sie unter anderem, indem sie fremdgehen. »In der Geschichte war es immer so«, weiß Miss Wellings, »je höher der Status eines Mannes, desto mehr Geliebte hatte er. Jeder Herrscher hatte seine Mätressen. Und jeder Mann will ein Herrscher sein.« Männer, zeigt ihre Statistik, gehen desto häufiger fremd, je wohlhabender und erfolgreicher sie sind. Erstens, weil sie mehr Gelegenheiten haben. Zweitens, weil männlicher Erfolg erotisch auf Frauen wirkt. »Frauen suchen instinktiv den besten Versorger. Deshalb fallen sie auf Männer herein, die ihnen scheinbar Sicherheit garantieren – die sich in Wahrheit aber nur ein weiteres Juwel in die Krone stecken wollen.«

10. Weil sie Spieler sind

Von der Daddelhalle bis zum Börsenparkett, wenn es ums Zocken geht, stehen Männer am Hebel. Und von der elektrischen Eisenbahn bis zur nutzlosen Mondlandung – wenn gespielt werden darf, opfern Männer Zeit und Geld. Und möglicherweise auch ihre Beziehung. »Hinter der männlichen Untreue verbirgt sich nichts anderes als der Spieltrieb«, glaubt der Freiburger Anthropologe Martin Harnisch. »Die Kreativität der Männer hat ihren Grund im Spiel, der unverantwortliche Umgang mit der Natur allerdings auch. Männer probieren herum, ohne über die praktischen Konsequenzen nachzudenken. Und so gehen sie auch fremd: Sie wollen nur mal kosten. Ganz anders Frauen. Sie sind mit Verantwortungsgefühl bei der Sache. Deshalb hat auch ihr Fremdgehen immer eine ernste Bedeutung. Männliches Fremdgehen ist wie Würfeln und Dosenwerfen.«

In welchem Alter ist er wozu gut?

Die folgende Analyse wurde von 142 Teilnehmerinnen eines vierzehntägigen »Bildungsurlaubes für schreibende Frauen« erarbeitet, der im November 1998 im Autonomen Frauenbildungszentrum *Lila* stattfand. In sechs Arbeitsgruppen stellten die autonomen Frauen sich die Aufgabe, ein Altersprofil von Männern zwischen 25 und 40 zu erstellen (»Mit 50 ist sowieso nichts mehr los«). Sie stellten ihre Erkenntnisse exklusiv für dieses Buch zur Verfügung. Motto: Wann taugt ein Mann zu was?

Mit 25
KARRIERE? Erstmal nicht. Bis Ende zwanzig findet er es angebracht, dass die Eltern ihn finanzieren. Selbstständigkeit und Aufstieg liegen ihm fern, die Berufswelt ist grau und öde. Anfälle von Arbeitseifer wurden in diesem Alter bislang nicht registriert.
SEX? Sieht gut aus. Er ist potent und denkt darüber nicht weiter nach. Okay, eine Frau will auch was davon haben, aber darauf kann er nicht immer Rücksicht nehmen. Er macht das Ganze mehr für sich. Optimal für Frauen, die ihn zu lenken verstehen.
PARTY? Bestnote! Er macht die Nächte durch. Sieben in Folge. Detroit Techno, Acid, Deep House, Trip Hop, Neo Disco, wird alles abgetanzt. Er hat die Power und er tobt sie aus. Wenn er es in diesem Alter nicht tut – Vorsicht! Dann floppt er bald ganz.
LIEBE? Eher schwach. Liebe, findet er, ist so ein Wort, das

Frauen hören wollen. Ganz am Anfang einer Beziehung sagt er es ja auch mal. Und am Ende, wenn sie Schluss macht, fällt es ihm wieder ein. Aber was vorstellen kann er sich darunter nicht. Muss man das?

Mit 30

KARRIERE? Wow, es geht los! Er merkt, er kann mitmischen. Er entdeckt lauter Nieten in Nadelstreifen. Mit denen kann er nicht nur mithalten, die kann er auch aushebeln! Jetzt kitzelt ihn der Ehrgeiz. Er will Erfolg, er will Macht. Frauen? Sollen ihm den Rücken freihalten.

SEX? Machomäßig. Im Grunde hat er den Kopf ja voll anderer Sachen. Aber er hat auch einen Körper. Einen Körper, auf den er stolz ist. Den er trainiert. Fit und tough will er sein, die Frauen sollen ihn rühmen. Als Topstar. Aus Eitelkeit macht er guten Sex.

PARTY? Mal die Birne vollknallen und in der Disco abheben – gut. Aber hirnlos die Nächte verzappeln, das ist nicht mehr seine Sache. Er macht seine Partys selbst. Coole Partys. Partys, auf denen die richtigen Leute zusammenkommen. Er mixt die Cocktails.

LIEBE? Im Augenblick gibt es Wichtigeres. Jetzt, meint er, ist nicht die Zeit der Zärtlichkeit. Aber wenn eine Frau Wert darauf legt – okay. Er will einfach privat nicht mehr kämpfen müssen. Diejenige, die das private Terrain befriedet, hat ihn komplett in der Hand.

Mit 35

KARRIERE? Optimal. Er stürmt steil aufwärts. Die Leiter bebt. Wenn sie das nicht tut in diesem Alter, dann wird es nichts mehr. Jetzt hat er richtig Spaß an seinem Job, er ist stolz, dass er abzockt und Geld rauspulvern kann. Er weiß ja hoffentlich für wen.

SEX? Das beste Alter für den Marathon-Läufer. Auf seine

Potenz ist immer noch Verlass, es sei denn, er hat zu viel geschluckt. Er will nicht mehr die Knaller-Show abziehen, er geht auch mal auf die Frau ein. Gut für lange, helle, sogar romantische Nächte.

PARTY? Am besten klein, aber edel. Er will zur Elite gehören. Er will Qualität. Die Weine müssen Grand Cru Classé sein, die Antipasti vom Gourmet-Tempel. Die Leute sind genau ausgewählt. Er weiß, was und wen er will. Er hat es nicht nötig, um Freunde zu buhlen.

LIEBE? Sehr gut! Endlich glaubt er, dass es so etwas wie Liebe gibt. Endlich ist er bereit, sich auf eine Frau einzulassen. Er denkt an Kinder, hat Lust, eine Familie zu gründen. Er traut sich zu, Verantwortung zu übernehmen. Er will für jemanden da sein.

Mit 40

KARRIERE? Die ist nicht mehr alles. Er weiß, was er kann und was er lassen sollte. Er muss nicht mehr die Muskeln spannen und Konkurrenten wegboxen. Er nimmt den Job locker. Denkt, dass er auch was völlig anderes machen könnte. Und dass man Arbeit nicht überschätzen sollte.

SEX? Nun hat er das Zeug zum optimalen Liebhaber. Er ist nicht mehr narzisstisch, nicht mehr hastig, er hat die Zärtlichkeit entdeckt. Nur – mit der Potenz geht es abwärts. Er muss angetörnt und manchmal aufgebaut werden. Zum Dank tut er eine Menge.

PARTY? Die Zeit seines Ehrgeizes ist vorüber. Er hat nicht mehr den Drang, eine Rolle zu spielen. Er gibt sich, wie er ist. Das macht ihn zum lässigen Gastgeber. Wenn er eingeladen ist, bleibt er allerdings auch ganz gern zu Hause. Er ist ein bisschen bequem.

LIEBE? Wunderbar. Er weiß jetzt, was Liebe ist. Dass sie kostbar ist. Dass man was dafür tun muss, und dass sich das lohnt. In diesem Alter hat er geschnallt, dass Liebe etwas mit

Geben zu tun hat. Und dass er desto mehr bekommt, je mehr er gibt. Wenn er es wert ist.

Mit 50
Ab jetzt ein Fall für die Pflegeversicherung.

20 Macken,
die Männer mit den Jahren entwickeln

»Mit der Zeit entpuppen sich die Männer als das, was sie sind«, bemerkte Liz Taylor nach ihrer siebten Scheidung. »Sie entwickeln immer mehr Macken.« Andere Frauen merken das in einer einzigen Ehe. Hier sind 20 Macken, die schon nach wenigen Jahren erkennbar sind.

1. Unter Freundinnen und Freunden tut er nett und charmant, zu Hause lässt er sich hängen.
2. Im Bett zieht er die Socken nicht aus.
3. Statt zu kuscheln sitzt er nächtelang in seinem Arbeitszimmer.
4. Er lässt trotz wiederholter Bitten den Klodeckel offen. Oder macht nicht mal die Klotür zu. Den Reißverschluss vergisst er sowieso.
5. Außer im Bett kommt er immer zu spät.
6. Wenn er nach Hause kommt, sackt er in den Fernsehsessel. Aber wenn ein Film interessant wird, beginnt er zu zappen.
7. Er sagt dem Friseur nie richtig, wie der die Haare schneiden soll, sodass er hinterher noch schlimmer aussieht als vorher.
8. Er vergisst ihren Geburtstag genauso wie den Hochzeitstag oder die Geburtstage der Kinder. Hauptsache, seine Mutter bekommt Geschenke.
9. Als Autofahrer entwickelt er genau den Einsatz und die Leidenschaft, die er sonst vermissen lässt.
10. In Gesellschaft gibt er halbverstandene Zeitungsberich-

te als seinen persönlichen Durchblick zum Besten und merkt nicht, wie die anderen gähnen.

11. Er sagt »achso« und »ahja«, um vorzutäuschen, dass er zuhört. Anschließend stellt er Fragen, die sie gerade beantwortet hat.

12. Er findet Sachen nicht, die vor seiner Nase liegen, und beschuldigt seine Frau, sie habe sie verlegt.

13. Er wirft hemmungslos Geld für Autos und Spielkram aus dem Fenster. Wenn sie Hustenbonbons braucht, beschuldigt er sie ungezügelter Verschwendung.

14. Er begreift nicht, was ihm steht und was scheußlich aussieht. Er läuft in Sachen für die Altkleidersammlung herum.

15. Er tut so, als sei er zu ungeschickt zum Knopfannähen, als wüsste er nicht, wohin die Teller kommen, und als habe er keine Zeit, die leeren Flaschen mit runterzunehmen.

16. Er geht lieber in die Kneipe, statt seinen Wein zu Hause zu trinken. Gemäß Krankenkassenzeitschrift gehört er schon zu den Alkoholikern.

17. Er hat keinen Sinn für Familie. Wenn sie den bevorstehenden runden Hochzeitstag ihrer Eltern erwähnt, fragt er: silbern oder golden?

18. Er erzieht die Kinder nur, wenn er Lust dazu hat, bringt dann Zeitplan und Konsequenz gründlich durcheinander und hält sich dabei für einen großartigen Vater.

19. Er schlingt die Köstlichkeiten hinunter, für die sie zwei Stunden in der Küche gestanden hat. Anschließend weiß er nicht mehr, was er gegessen hat. Nur, dass er müde ist.

20. Er behauptet, seine Macken seien liebenswert.

Zwölf Kopfbedeckungen
und die Männer darunter

»Als es am Abend kühl wurde, knüpfte er sein Schnupftuch zusammen und trug es auf dem Kopfe«, schrieb ein Besucher über den dramatischen Dichter Friedrich Schiller. »Ein braver teutscher Mann«, ließ hingegen Kaiser Wilhelm II. vernehmen, »trägt immer einen Hut.« Diese Ansicht wird heute nicht mehr allgemein geteilt. Und doch wächst die Zahl der männlichen Kopfbedeckungen wieder. Hängt das damit zusammen, dass die Männer verunsichert sind und sich verbergen wollen, wie die amerikanische Feministin Germaine Greer frohlockt? Oder liegt es nur an kälteren Jahreszeiten? Was ist von der Vielfalt der Mützen und Kappen zu halten?

1. Prinz-Heinrich-Mütze
Darunter steckt ein trockener, kleiner Klarer aus dem Norden, ein tagsüber stocknüchterner Mann, der von Experimenten nichts hält. Jede Veränderung ist für ihn ein Experiment. Er arbeitet in der Steuerbehörde oder in der Aufsicht über die Binnenschifffahrt und setzt seine Mütze sofort nach Büroschluss auf. Einer repräsentativen Befragung zufolge hat er den Eindruck, dass es meist regnet.

2. Sportmütze
Das preisgünstige Modell vom Grabbeltisch im volksnahen Modehaus wird vom grämlichen Rentner aufgesetzt, wenn er von seiner Frau zum Spaziergang genötigt worden ist. Bei seriösen Anlässen trägt derselbe Herr gern einen alten Hut, in der Freizeit hält er sich jedoch für salopp. Die Mütze ist

beigebraun wie seine Blousonjacke und seine dauerhafte Katerstimmung.

3. Baseballkappe
Unter ihr steckt ein Schüler. Wenn nicht, handelt es sich um einen Vater, der unbedingt als jung und sportlich durchgehen will. Meist trifft auf ihn das Gegenteil zu. Doch der erwachsene Cap-Träger möchte als lässig gelten und unterstreicht das noch durch originelle Ausdrücke wie »cool, ey«, die er von seinen Kindern aufgeschnappt hat. Er fürchtet das Altwerden und hofft, dass die Kappe in Verbindung mit seinem Haarwuchselixier hilft.

4. Baskenmütze
Dieses Modell, das einst Sartre und Groucho Marx trugen, wird von Männern bevorzugt, die sich für kultiviert halten. Oft sind es pensionierte Oberschullehrer mit humanistischer Bildung. Sie haben ein Abonnement an der Oper und brechen zum Einkaufen mit einer abgewetzten Aktentasche auf. Weil sie äußerlich wenig zu bieten haben, verbreiten sie die Behauptung, dass es auf innere Werte ankommt.

5. Folklore-Käppis
aus Indien oder Afghanistan: Unter solchen fünf Zentimeter hohen Fez-Varianten mit bunten Stickereien und Spiegelelementen steckt ein aufstrebender Künstler. Er ist Nachtmensch, arm, ungewöhnlich begabt und mit originellen Ideen gesegnet. Solange das niemand weiß und niemand merkt und niemand ihm was Besseres kauft, trägt er sein Käppchen.

6. Seglerkappe
Die ist dunkelblau kariert oder kakifarben und sitzt auf einem blasierten, jungen Mann. Er tritt forsch auf, um sich als kommende Führungskraft ins Gespräch zu bringen. Seine

Freundin muss repräsentativ sein, genauso wie sein Auto und seine Sportart. Er weiß Bescheid, ist sich nur noch nicht im Klaren worüber. Er mag es nicht, wenn jemand über ihn lacht. Was in seinem Fall besonders schwer zu vermeiden ist.

7. Sepplhut

Aus weiß-grauem Filz mit grünem oder dunkelrotem Band ist dieses Modell stark im Aufwind, seit lokaler Alpenrock Furore macht. Es steckt also nicht immer ein Dorfdepp darunter, sondern häufig einer, der ganz vorn mitläuft und das Näschen im Trendwind trocknet. Er möchte auffallen und hat Riesenangst, für einen Spießer gehalten zu werden. Wir nähren diese Angst.

8. Russenmütze

Es gibt sie als Puschel-Muff mit Ohrenklappen. In dieser Form wird sie vom älteren Witwer getragen, der nach ausgebliebener Rentenerhöhung im Discountladen wühlt. Und es gibt sie als Schiffchen aus schwarzem Persianer. Darunter steckt ein Herr, der gern nach Osten blickt, weil seine Familie mütterlicherseits da mal ein Gut besaß. Oder weil von dort alsbald die anderen Mitglieder seiner Mafia nachkommen.

9. Zipfelmütze

In herkömmlicher Form dient sie Skifahrern. Wenn sie aber aussieht wie eine umgedrehte Socke mit breitem Wurmfortsatz oder wie eine eingeschrumpfte Kochmütze, dann steckt ein Raver oder Rapper darunter. Ein Hip-Hop-, House- und Techno-Fan. Er bedauert, dass er nicht in der Bronx geboren ist, und versucht, das durch schnödes Benehmen wiedergutzumachen.

10. Schiebermütze

Die Berliner Eckensteher-Mütze, die einst Emil und seine Detektive trugen, ist wieder schwer im Kommen. Sie wird schräg getragen. Darunter verbirgt sich in der Regel ein schwäbischer Student, der seine Provinz-Herkunft mit großstädtischen Allüren übertünchen will. Er hängt sehr an seiner Mutter. An Sommerabenden in der großen Stadt betrinkt er sich. Wenn er ganz locker ist, wirft er auch mal mit einer Flasche.

11. Der graue Hut

Junge Männer, die gerne Gentlemen wären, greifen auch schon mal zum Hut. Oder solche, die ihr Haar raspelkurz halten und frösteln. Vor allem aber solche, deren Haar schütter ist. Denn unter dem konventionellen Hut steckt meist ein älterer Herr, und zwar einer, der weiß, was sich gehört. Er liest eine konservative Zeitung und fährt so vorbildlich Auto, dass die anderen Fahrer ausrasten.

12. Die orangene Zipfelmütze

Vorsicht, ABC-Schütze! Falls erwachsen: Entführer eines ABC-Schützen, der ein wichtiges Indiz nicht rechtzeitig hat verschwinden lassen.

20 unwillkommene Tröstungen
für Männer

1. Es kommt ja nicht so sehr auf das Aussehen an.
2. Macht nichts, ich verstehe auch nichts von Technik.
3. Mein Großvater hatte auch eine Glatze.
4. Ich möchte gar keinen Mann mit einem Traumkörper.
5. Du wirst eben auch älter.
6. Ich hatte auch den ganzen Tag Kopfschmerzen.
7. Wenn du deinen Bauch weghaben willst, musst du weniger trinken.
8. Michael ist doch auch nicht befördert worden.
9. Der Beruf ist ja nicht alles.
10. Das macht doch nichts, das kann jedem passieren.
11. Wir können es ja morgen noch mal versuchen.
12. Es kommt gar nicht so sehr auf die Größe an.
13. Es kann nun mal nicht jeder ein Super-Liebhaber sein.
14. Du musst das nicht persönlich nehmen.
15. Ich finde sowieso, man sollte Leistung nicht überbewerten.
16. Dafür hast du eben menschliche Qualitäten.
17. Er ist nur im Bett besser, sonst mag ich dich lieber.
18. Bis auf die letzten zwei Jahre war es eine ganz gute Zeit.
19. Du findest bestimmt eine, die besser zu dir passt.
20. Wir können ja gute Freunde bleiben.

3.
Der Mann
als Karrierist

Die 50 männlichsten Berufe

In allen folgenden Berufen ist der Männer-Anteil höher als
70 % – in einigen aber bestimmt nicht mehr lange.

1. Papst (100%)
2. Dt. Bundeskanzler (100 %)
3. Dt. Bundespräsident (100%)
4. Totengräber (99 %)
5. Schuhputzer (98 %)
6. Waffenhändler (97 %)
7. Kapitän (96 %)
8. Feuerwehrmann (95%)
9. Heizer (94 %)
10. Dirigent (93 %)
11. Gepäckträger (92 %)
12. Stadtreiniger (92 %)
13. Vorstandschef (91 %)
14. Leichenwäscher (90 %)
15. Matrose (90 %)
16. Auktionator (89 %)
17. Astronaut (89 %)
18. Beleuchter (88 %)
19. Croupier (88 %)
20. Gerichtsvollzieher (87 %)
21. Förster (87 %)
22. Erfinder (86 %)
23. Scharfschütze (85 %)
24. Fensterputzer (85 %)
25. Zuhälter (84 %)
26. Astronom (84 %)
27. Bauunternehmer (83 %)
28. Rennfahrer (82 %)
29. Privatdetektiv (81 %)
30. Pförtner (81 %)
31. Börsenmakler (80 %)
32. Hausierer (80 %)
33. Zauberer (79 %)
34. Schlachter (79 %)
35. Karikaturist (78 %)
36. Handwerker (77 %)
37. Chirurg (77 %)
38. Dompteur (76 %)
39. Expeditionsleiter (76 %)
40. Barkeeper (75 %)
41. Kameramann (75%)
42. Missionar (74 %)

43. Stuntman (74 %)
44. Gärtner (73 %)
45. Priester (72 %)
46. Tankwart (72 %)

47. Pilot (71 %)
48. Bildhauer (71 %)
49. Museumswärter (70 %)
50. Soldat (70 %)

Sieben typisch männliche
Geschäftsideen

In jedem Jahr zeichnet der *Verband der Selbstständigen und Jungunternehmer* drei Geschäftsideen aus, die sich als originell und lukrativ erwiesen haben. Die stellvertretende Verbandsleiterin, Dagmar v. Boddien, beklagt, dass immer nur Männer ausgezeichnet werden. Doch das ist kein Zufall. Unter den jährlich rund 500 Bewerbern sind durchschnittlich zehn Frauen. Frau v. Boddien hat exklusiv für dieses Buch die erfolgreichsten Geschäftsideen der letzten Jahre zusammengestellt. »Männliche Geschäftsideen«, schreibt sie, »haben für meinen Geschmack immer einen Hauch von Betrug.« Mal sehen.

1. Der Vorsatz-Service

Der Kölner Sozialpädagoge Armin Wagner betreibt eine eigene Agentur, mit der er gute Vorsätze betreut. Wer sich zu dem Entschluss durchgerungen hat, nicht mehr zu rauchen, keine Süßigkeiten mehr zu essen, weniger zu trinken und dergleichen – der kann diesen Vorsatz zum Jahresanfang, zum Geburtstag oder sonst einem Datum per Telefonanruf bei Wagner eintragen lassen. Wagner ruft dann zurück, jeweils zum Monatsende. Der Kunde muss ihm nur ehrlich sagen, ob er durchgehalten hat oder wortbrüchig geworden ist. Hat er durchgehalten, spendet der Pädagoge Lob und Ermutigung. Wurde der Vorsatz gebrochen, forscht Wagner nach den Gründen. Hapert es an der Motivation? Gibt es Widerstände? Hier beginnt die eigentliche Dienstleistung. Und während der monatliche Kontrollanruf lediglich mit fünf Mark zu Buche schlägt, kommen bei der telefonischen Beratung oder beim Praxis-Gespräch echte Therapeuten-Honorare zu Stande.

2. Ethnologische Reinkarnationsforschung

Erfinder ist der Dresdner Geograph Herbert Weise. Im Januar 1998 annoncierte er zunächst in Szene-Blättern, im März geleitete er seine erste Gruppe durch das Dresdner Völkerkundemuseum. Von den dreizehn Klienten entdeckten gleich zwei, dass sie einst bei den Maori in Neuseeland gelebt hatten, ein weiterer gab sich als Inka zu erkennen, einer war Eskimo gewesen, ein anderer outete sich als Zulu. Weise ermittelt zunächst per Resonanzmethode, zu welchen Weltteilen seine Klienten eine Neigung verspüren, führt die Suchenden dann in die betreffende Abteilung und versetzt sie in eine induzierte Trance. Wenn sie dann wieder die Augen öffnen und sich umsehen, erkennen sie angesichts von Skulpturen oder Kostümen, rituellen Gegenständen, Mumien und Masken, wo sie in einer früheren Existenz gelebt haben. Weise erklärt selbst, er habe mit der Erfindung innerhalb von drei Jahren »genug Geld für mehrere Leben« eingenommen.

3. Der Stau-Designer

Der Hamburger Architekt Reinhard Jacobsen hat sich auf großflächiges Design spezialisiert. Am Kamener Kreuz gelang es ihm und seinen Helfern zu Ostern des vergangenen Jahres, einen Stau zu schaffen, der in jeder Richtung exakt gleich lang war, und bei dem sämtliche Auffahrten verstopft waren – ein bezauberndes Gesamtkunstwerk in Form eines langstieligen Kleeblattes. Vor allem aus der Luft gesehen, harmonierte es unvergleichlich mit der umgebenden Landschaft. Philippis Helfer sind an verkehrsreichen Tagen auf den Autobahnen unterwegs. Es genüge, wenn sie nur kurz das Bremspedal berühren, berichtet er, schon stockt hinter ihnen der Verkehr und kommt alsbald zum Erliegen. Den richtigen Zeitpunkt für das leichte Abbremsen zu finden oder per Funk das Signal dafür zu geben, darin besteht die Kunst des Stau-Designers. Ohne genaues Timing wäre der berühmte Stau aus schwarzen, roten und gelben Autos am Hermsdorfer Kreuz nicht zu Stande gekommen, der so genannte Deutschland-Stau am 3. Oktober 1998. Der Verkauf der Luftaufnahmen erbringt ein Vielfaches des finanziellen Aufwands.

4. Der Ü-Wagen-Dienst

Der Münchener Autor Peter Bier erwarb 1997 einen ausgemusterten Übertragungswagen des Bayerischen Fernsehens. Mit diesem Gefährt ist er seither täglich unterwegs. Zunächst gab er Annoncen auf in etlichen Provinz-Blättern: »Möchten Sie wie ein Star behandelt werden? Der angesehenste Bürger des Ortes sein? Soll man Sie in Läden, bei Doktoren und Handwerkern mit Hochachtung und Rabatt bedienen?« Das garantiert erfolgreiche Verfahren ist ebenso einfach wie wirksam: Bei interessierten Kunden parkt Bier seinen Ü-Wagen mit der Aufschrift *VIP TV* vor dem Haus. Er schultert eine leere Videokamera, nimmt ein altes Mikrofon in die Hand und schreitet die Stufen zur Haustür hinauf. Meist bewegen sich nun schon die Gardinen der Nachbarn. Nachdem er mit dem Kunden (»Ah, der Herr von Fernsehen!«) anderthalb Stunden abgesessen hat, geht er wieder. Bei seiner Abfahrt ist in respektvoller Entfernung der halbe Ort versammelt. Der Kunde gilt von nun in seiner Umgebung als wichtig und bedeutend.

5. Die Liebesbrief-CD-Rom

Entwickelt vom Brandenburger Software-Spezialisten Werner Bölker, hat die Liebesbrief-CD-Rom innerhalb eines

Jahres Bestseller-Auflagen erreicht. Sie ist speziell für Männer gedacht, die Bölker generell für »romantisch unterentwickelt und in Liebesdingen verzagt« hält. Die CD ermöglicht das Verfassen von Liebesbriefen in jeder gewünschten Stillage. Eingegeben werden müssen lediglich die Fakten, die im Brief vorkommen sollen. Alles Weitere erledigt das Programm nach Wunsch: Soll der Brief zart und behutsam klingen? Alltagssprachlich oder seriös? Eher vage oder lieber deutlich? Sentimental oder mit humorvollen Wendungen? Das Programm sieht für kühne Flirter auch einen »sexy« Stil vor und ist sogar in der Lage, »erotisierend« und »wollüstig« zu schreiben. Es verfasst um Verzeihungen flehende »Tut mir Leid«-Briefe ebenso souverän wie unversöhnliche Abschiedsschreiben.

6. Die Internet-Therapie

Beim Stochern im World Wide Web fiel dem Berliner Psychologen Karl F. Gründler ein rasch sich ausbreitendes Suchtphänomen auf: Männliche User kommen von ihren nächtlichen Geisterfahrten auf der Datenautobahn nicht mehr los. Sie hängen stundenlang im Netz und ruinieren beim Blättern und Suchen ihr Konto, ohne irgendeinen Nutzen daraus zu ziehen. Gründler witterte Therapiebedarf – zu Recht. Er betreut mittlerweile rund 500 Klienten im deutschsprachigen Raum, und das ausschließlich über das Internet oder die gängigen Online-Dienste. Gründler geht vorwiegend nachts ins WWW. Sobald ihm auffällt, dass ein User mehr als drei Stunden im Netz bleibt, spricht er ihn via e-mail oder Diskussionsforum an und offeriert Hilfe. Der Internet-Süchtige muss nun per Tastendruck bestätigen, ob er pro Minute zwei Mark an Gründler abbuchen lassen will. Dann beginnt die therapeutische Dienstleistung, die fast alle Klienten als befreiend und erleichternd empfinden.

7. Der Wunder-Berater

Madonnen, die echte Tränen weinen, und Heiligenbilder, deren gemaltes Blut sich einmal im Jahr verflüssigt, haben ihn auf die Idee gebracht: den Frankfurter Wunder-Berater Georg Lülmann. »In jeder Wohnung, in jedem Kleingarten gibt es Möglichkeiten für Wunder«, meint er. Diese Möglichkeiten auszukundschaften, sieht er als seine Aufgabe an. Von ihm stammen die Ideen zur mittlerweile berühmten Duisburger Statue, die mit den Augen rollt; zum Lübecker See-Gemälde, das am Jahrestag des Titanic-Untergangs zur Schräglage neigt und Meereswasser absondert; sowie zum Reutlinger Dornenstrauch, der zu Weihnachten blüht. Lülmann übernimmt technische Einrichtung und Promotion der Wunder und lässt sich dafür an den Eintrittsgeldern und Spenden prozentual beteiligen. Er hat seit 1994 über 100 populäre Wunder im deutschsprachigen Raum geschaffen, von denen allerdings erst 28 vom Vatikan anerkannt sind.

Zehn Gründe
für männliche Geschäftsreisen

Im März 1998 befragte die European Agency for Business Travel (Brüssel) über 1000 so genannte Entscheidungsträger und leitende Angestellte. Ziel der anonymen Erhebung war es, die wichtigsten Motive für Geschäftsreisen zu ermitteln. Die Befragten waren zu 93 % männlichen Geschlechts. Ihre Antworten und besonders deren Reihenfolge sollten uns zu denken geben.

1. Von zu Hause wegkommen (87 %)
2. Auf Firmenkosten Urlaub machen (74 %)
3. Erotische Abenteuer erleben (69 %)
4. Essen und betrinken (61 %)
5. Im Hotel bedienen lassen (53 %)
6. Freunde besuchen (46 %)
7. Der Sekretärin etwas bieten (35 %)
8. Nach Job-Alternativen umsehen (29 %)
9. Schwarzgeld beiseite schaffen (17 %)
10. Geschäftskontakte knüpfen (10 %)

Sieben Männer,
die von ihren Frauen
verprügelt wurden

1. Nelson Mandela
Der erste schwarze Präsident Südafrikas bekannte vor dem Scheidungsrichter, seine Frau Winnie habe ihn ein- bis zweimal wöchentlich geschlagen. Er habe sich nicht gewehrt, »weil das nicht in meiner Natur liegt«. Winnie Mandela ließ wissen, dass »viele Männer so etwas brauchen. Wer weiß, ob sonst etwas aus ihm geworden wäre«.

2. Gordon Crick
Der australische Milliardär (Poseidon Mining) wurde im Frühjahr von seiner Frau und seiner Tochter krankenhausreif geprügelt. Er hatte versäumt, ihnen für die Olympischen Sommerspiele in Sydney einen Platz in der Ehrenloge zu reservieren. Mrs. Crick über ihren seither halbseitig gelähmten Mann: »Das nächste Mal wird er rechtzeitig daran denken.« Die Olympischen Spiele des Jahres 2004 finden in Peking statt.

3. Alfred de Musset
Der französische Schriftsteller kassierte von der Kollegin George Sand zwischen 1833 und 1835 »die eine oder andere Maulschelle, manch guten Backenstreich und vielerlei Spitzfüße in den Allerwertesten« (Sand). Die Dichterin behauptete, ihr Lebensgefährte brauche »dieses kräftige traitement, um in Schwung zu kommen«. Tatsächlich war diese Phase Mussets produktivste Zeit.

4. Joe ›Tiger‹ Constable
Der britische Boxmeister im Schwergewicht wurde unmittelbar vor seinem Weltmeisterschaftsfight von seiner thailändischen Frau kampfunfähig geprügelt. Anlass war ein Streit um eine Katze, die der Boxer angeblich verzärtelte. Die ausgebildete Taek-won-do-Kämpferin wandte »im Ring unerlaubte Tiefschläge« an, wie der untersuchende Arzt feststellte. Joe Constable musste seine Karriere aufgeben.

5. Abraham Lincoln
Jeder amerikanische Schüler lernt es in der zehnten Klasse: Der 16. US-Präsident wurde von seiner Gattin Mary Todd regelmäßig an jedem Samstagabend verdroschen. Mary verstand dies als einen »Akt der Hygiene«. Auch Abe Lincoln selbst fühlte sich »jedes Mal wie rein gewaschen« und vermochte, »den Sonntag geläuterten Herzens zu begrüßen«.

6. Fabrizio di Grave
Der italienische Countertenor, mittlerweile einer der höchstbezahlten Sänger der Welt, verdankt seine hohe Stimme einer tätlichen Auseinandersetzung mit seiner ersten Frau. »Jede italienische Frau weiß, wie sie ihren Mann versohlen kann, aber diese wusste noch mehr.« Trotz der Verwundung zahlt Grave der Geschiedenen hohe Unterhaltsbeiträge, »da meine Karriere ohne ihre Schlagkraft bestimmt anders verlaufen wäre«.

7. Leopold v. Sacher-Masoch
Der österreichische Romanautor wollte noch im Alter von 58 Jahren partout »die Dame zum Traualtar führen, die mich am unnachgiebigsten prügelt«. Unter den Bewerberinnen wählte er die französische Botschaftssekretärin Catherine

Marchand aus. Doch bereits anderthalb Jahre nach der Heirat klagte er in seinem Tagebuch: »Sie schlägt mich nicht mehr! Vielleicht bin ich ihr zu alt.« Kurz darauf starb er, »körperlich unversehrt und gerade deshalb seelisch tief verletzt«.

30 Gründe,
aus denen Männer Frauen beneiden

1. weil sie eine durchfeierte Nacht hinter Make-up verstecken können
2. weil sie nach Herzenslust weinen dürfen
3. weil sie sich beim Flirten nicht so ins Zeug zu legen brauchen
4. weil sie im Bett einfach mehr Power haben
5. weil in den Parkhäusern die besten Plätze für sie reserviert sind
6. weil sie den Wehrdienst gar nicht erst zu verweigern brauchen
7. weil die Kinder meistens auf ihrer Seite sind
8. weil sie durchschnittlich fünf Jahre länger leben
9. weil sie ziemlich selten eine Glatze bekommen
10. weil sie belastbarer sind
11. weil die besten Mode-Designer für sie arbeiten
12. weil sie meistens hübscher sind
13. weil meistens sie über den Zeitpunkt einer Trennung entscheiden
14. weil eine ganze Kosmetik-Industrie sich für sie anstrengt
15. weil sie Zärtlichkeiten einfach mehr genießen können
16. weil sie sich immer an Geburtstage und Jahrestage erinnern
17. weil sie in Beziehungsdiskussionen am Ende doch immer Recht haben
18. weil sie sich nicht überwinden müssen, um zu sagen: Ich liebe dich

19. weil sie beim Autofahren nur halb so viele Unfälle machen

20. weil sie keine Kondome anziehen müssen

21. weil es ihnen leicht fällt, ihre Gefühle auszudrücken

22. weil sie sich im Leben irgendwie besser zurechtfinden

23. weil sie das Geldverdienen letzten Endes doch dem Mann überlassen können

24. weil sie ihrem Gefühl trauen

25. weil sie Wohnungen mit ein paar Handgriffen gemütlich machen können

26. weil sie so tun dürfen, als könnten sie den Videorecorder nicht programmieren

27. weil ihnen der größte Teil des Kleiderschranks gehört

28. weil sie sich nicht schämen müssen, wenn sie an ihrer Mutter hängen

29. weil sie bei Computerproblemen einen Mann zur Hilfe holen können

30. weil sie sich so selten beim Rasieren schneiden

Zehn Typen,
die auf Messen zu finden sind

Außer bei Mode-Präsentationen dominieren Männer das Publikum der Messen. Es kann sein, dass sie alle gleich aussehen, gleicher Anzug, gleiche Brille, gleicher Koffer, wie bei der Industrie-Messe. Aber das täuscht. Es kann auch sein, dass sie emsig darum bemüht sind, als Individualisten zu erscheinen, wie bei der Buchmesse. Das täuscht ebenfalls. Sie steuern alle dieselben Parkplätze an, belegen dieselben Hotels, folgen denselben Insider-Tipps zu denselben Restaurants und Bars. Sie gehen den Einheimischen allesamt auf den Wecker. Und sie unterscheiden sich doch. Hier sind die wichtigsten zehn Typen.

1. Der Spezialist
Das ist der, der als Tüftler geboren wurde und noch in seinen Träumen im Fachjargon spricht. Eigentlich liebenswert. An technischen Messeständen redet er mit dem wachhabenden Ingenieur von gleich zu gleich, Präsentationen kommentiert er genießerisch, Premieren verfolgt er mit glutvollem Blick. Er stellt die richtigen Fragen, auf der Landwirtschaftsmesse zum Beispiel nach der tiefreichenden Keulenbildung beim Zuchtvieh. Bei der Auto-Ausstellung kann er das »Vertical Vortex Stratified Induction System« vom »Variable Valve Timing« unterscheiden, und wenn man Pech hat, erklärt er auch wie.

2. Der Blasierte

Er hat die Begeisterung schon hinter sich oder, um ehrlich zu sein, nie erlebt. Er kennt das alles, was ausgestellt wird. Twin Cam, Dual Ram, sequenzielle Abströmspirale – alles schon gesehen. Septium mit Motorala-Amplifier – zum Gähnen. Die neue Simulatorengeneration – ausgetestet und für schwach befunden. Er wandert mit schmalem Lächeln durch die Gänge und winkt müde ab, wenn jemand ihn locken will. Er verleugnet den Schmerz nicht, der sich in seine edlen Züge mischt, den Schmerz darüber, dass es für ihn nichts Neues geben kann. Warum er gekommen ist? Um eben das zu beweisen und es seiner Begleiterin seufzend kundzutun.

3. Der Spieler

Für ihn ist die Messe ein Jahrmarkt. Wenn er Knöpfe sieht, drückt er sie. Wenn er einen Kopfhörer entdeckt, setzt er ihn auf, auf Musik oder Text kommt es nicht an. Er bringt die Schau auf der Multivisionswand in Gang, egal, was gezeigt wird. Er setzt die Turbinenwelle in Bewegung und erprobt die hydroelastische Federung, er betippt die Tiptronic und will am Stand der Landjugend das Ferkelkastrationsgerät ausprobieren. Er ist beinahe im Paradies.

4. Der Masochist

Der ist in der Hölle. Er hasst die Messe, und er muss trotzdem hin. Die miserable Organisation, das Publikum, die Plackerei. Er hasst die Messe seit zwanzig Jahren, er ist immer wieder gekommen. Einmal konnte er nicht, Krankheit oder Todesfall; in dem Jahr hat ihm was gefehlt. Er wundert sich selbst und sagt es den Kollegen: »Warum ich das alles immer noch mitmache ...« Vom ersten Tag an sehnt er die Lautsprecheransage am Ende herbei: »Es ist 18 Uhr. Die Messe ist geschlossen. Die Messeleitung bedankt sich.« Und dann möchte er am liebsten bleiben und gar nicht mehr weg.

5. Der Schnorrer

Mit hungrigem Blick und praller Plastiktüte durchstreift er die Gänge. Er lässt sich Häppchen reichen, steht für Caipirinha zwei Mal an und schleicht sich ans Buffet des Handelsvereins. Bei Greenpeace nimmt er eine Jute-Tasche mit, bei Mercedes einen Kugelschreiber, bei der Ruhrkohle AG eine persönliche Geburtstagschronik auf Pergament-Imitat. Sein Fehler: Er glaubt, dass am letzten Messetag die Ausstellungsstücke billigst abgestoßen werden. Doch es war schon immer etwas teurer, ein Schnäppchen zu machen.

6. Der Wissbegierige

Er gehört zu den ernsthaften Besuchern, vielleicht aber auch zu den Spionen. Er geht mit einem Notizblock umher, manchmal sogar mit einer Kamera. Er stellt gezielte Fragen und lässt sich mit Werbesprüchen nicht abspeisen. Wenn es den Vertretern gelingt, ihn zur Sitzgruppe hinter den Topfpflanzen zu führen, dorthin, wo die unterschriftsbereiten Formulare liegen, erleben sie eine Enttäuschung: Er will nicht bestellen, nur noch mehr wissen. Das ist verdächtig. Seinetwegen werden die »Präsentationen« von Neuheiten immer pompöser und immer ärmer an Information.

7. Der Süchtige

Er muss einfach das Neueste sehen. Ob das Neue eine Verbesserung ist, oder ob es überhaupt neu ist, nimmt er nicht so genau. Er muss wissen, wohin die Entwicklung geht. Er glaubt, hier könne er es erfahren, um es alsbald anderen zu erzählen. Er muss die neuen Modelle berühren, als erster, gleich bei der Premiere. Es schaudert ihn wohlig bei Worten wie Zukunft und Fortschritt und Technik von morgen, und nirgends bekommt er diese Worte so reichlich wie hier.

8. Der Hypochonder

Er ist an seinen entzündeten Augen zu erkennen. Die hat er von der falsch eingestellten Klimaanlage und von den Fallwinden, die jeden erfassen, der von einer Halle in die nächste wechselt. Nach seinem Hörsturz im vergangenen Jahr leidet er noch mehr unter dem unentwirrbaren Gemurmel der Gäste und den pausenlosen Lautsprecherdurchsagen. Auch stößt ihm die Mischkost aus Kaffee und Currywurst unverdaut auf. Und jetzt gerade findet er den Ausgang nicht.

9. Der Sammler

Er ist glücklich und er macht andere glücklich. Denn er ist dankbarer Nutzer der so genannten Informationsboxen und nimmt den Hostessen alle Broschüren ab. Bereits am Eingang hat er einige Kilo Prospekte aufgeladen, beim Gang durch die Hallen kommen komplette Werbepakete dazu, nebst bunten Sortimenten von Fähnchen, Aufklebern, Anstecknadeln. Auf der Messe glaubt er noch, er könne manches davon tatsächlich gebrauchen oder sonst Kinder und Verwandte erfreuen. Auf dem Weg nach Hause befallen ihn Zweifel, und wenn ihm daheim Frau oder Mutter die Pakete abnehmen, um sie dem Wertmüll zuzuführen, ist er dankbar.

10. Der Don Juan

Fern von Frau und Familie, ganz Single in der Einsamkeit der Hotelabende, erlebt er ein großes Wunder: Die Angehörigen des anderen Geschlechtes werden von Tag zu Tag attraktiver. Vom dritten Nachmittag an ergreift ihn eine unbezähmbare Unruhe. Eine halbe Stunde vor Toresschluss bekommen seine Augen den unvernünftigen Glanz. Es ist wie in der Tanzstunde. Einige Hostessen signalisieren Bereitschaft. Und er muss auffordern. Er tut es. Zwei erfolgreiche Abschlüsse vorausgesetzt, läuft er sogar zu ungewöhnlicher Form auf. Zu seiner Messe-Form. Auf jeder Messe. Nur auf der CeBit nicht. Das Hannoveraner »Institut für Arbeitsmedizin« hat nämlich ermittelt, wozu der dortige Ersatz von Atemluft durch das Ozon aus Laserdruckern und Kopiergeräten führt: zu »Impotenz bis zu zwei Wochen über das Messe-Ende hinaus«.

30 Dinge, über die Männer uneingeschränkt herrschen

»Im Beruf herrscht der Boss über den Mann, zu Hause herrscht die Frau über ihn«, seufzte der Schriftsteller Mark Twain. »Worüber herrscht eigentlich der Mann selbst?« Hier ist die Antwort. Der moderne Mann hat sich 30 Herrschaftsbereiche erobert, die er stolz und unbeugsam verteidigt.

1. Arbeitszimmer
2. Auto
3. Bastelraum
4. Computer
5. Fitnessgeräte
6. Fliegenklatsche
7. Garage
8. Handy
9. Hausbar
10. Heckenschere
11. Heizungsanlage
12. Hobbykeller
13. Hund
14. Innen/Außen-Thermometer
15. Joystick
16. Kaminfeuer
17. Konto
18. Korkenzieher
19. Modelleisenbahn
20. Partykeller
21. Pfeifenschrank
22. Programmzeitschrift
23. Rasenmäher
24. Telefonkarten-sammlung
25. Tranchiermesser
26. TV-Fernbedienung
27. Videorecorder
28. Weinkeller
29. Werkzeugkasten
30. Zeitung

Zehn leuchtende Beispiele
für männliche Sparsamkeit

1. Charles
Der Prince of Wales lässt beim Schreiben die i-Punkte weg.
»Das spart Tinte«, erläuterte er in seiner Neujahrsansprache.
Er wolle damit ein Zeichen setzen. Bei seinem Deutschland-
Besuch erklärte der Monarch, man könne hier durch das
Weglassen der Tüttelchen noch erheblich mehr einsparen.

2. Jean Paul Getty
Im Hause des Öl-Millardärs wurde grundsätzlich nicht ge-
heizt. Auf diese Weise konnte Getty den lästigen Besuch von
Gästen auf ein Minimum reduzieren. Sommer-Gäste wurden aufgefordert, ein Zelt mitzubringen und sich mit Provi-
ant auszustatten.

3. Lothar Schöne
Dem hessischen Schriftsteller wurde 1998 vom *Bund der Ver-
braucher* die Medaille für Preisbewusstsein verliehen, weil er
Weihnachten und Ostern stets eine Woche später feiert. Dann
gibt es Marzipan-Hasen und Schokoladen-Weihnachtsmänner
zum halben Preis.

4. Alfred Hugenberg
Der Zeitungszar der zwanziger Jahre durchstöberte eigen-
händig die Altkleidersammlungen am Straßenrand, die für
die Bedürftigen bestimmt waren. »Wir sollten uns nicht über
die Armen erheben«, erklärte er.

5. Adnan Kashoggi

»Wer im Kleinen pingelig ist, kann im Großen freigebig sein«, teilt der saudische Waffenschieber mit. Er lässt die Zigarettenkippen seiner Gäste einsammeln und aus den Tabakresten neue Zigaretten drehen, die wiederum den Gästen angeboten werden.

6. Wilhelm II.

Der deutsche Kaiser verbrachte einen Großteil seiner Zeit damit, krumme Nägel wieder geradezuklopfen. »Mein Volk täte gut daran, meinem Beispiel zu folgen«, äußerte er gegenüber Reportern, die über seinen eigens eingerichteten Nagelkeller staunten.

7. Thomas Bernhard

»Zum Trinken kann ich Ihnen nichts anbieten, ich habe nichts zu Hause«, teilte der österreichische Bestseller-Autor jedem Besucher mit. Wer zufällig das versteckte Arsenal der Wein-, Sherry- und Cognacflaschen entdeckte, bekam zu hören: »Ich biete Ihnen nichts an, sonst bleiben Sie zu lange.«

8. Louis Renault

Der französische Autokönig ließ alle Telefone in seiner Residenz mit einem Sprachsensor ausstatten, der empfindlich auf die Stimme seiner Frau reagierte. Auf diese Weise wurden ihre Telefonate automatisch nach sieben Minuten abgeschaltet. »Wirtschaftlichkeit und die Telefonate einer Frau sind unvereinbar«, ließ der Millionär wissen.

9. Ross Perot

Der texanische Multimilliardär fordert seine Hausangestellten auf, am Neujahrstag das Lametta von fortgeworfenen Tannenbäumen zu sammeln. Es wird aufgebügelt für das kommende Jahr.

10. Gerard Philips

Der niederländische Glühbirnen-Millionär hatte in seinem Arbeitszimmer einen Schalter, der ihm das abendliche Abdrehen des Lichtes im gesamten Haus ermöglichte. »Ich finde, die Orientierung im Dunkeln schärft die Sinne«, teilte er irritierten Logiergästen mit.

15 männliche Kraftpunkte –
und 15 kraftraubende Orte

In alten spirituellen Traditionen ist bekannt, dass es für Männer bestimmte Kraftpunkte gibt. Orte, an denen ihnen Energie zuströmt. Nach indischer Ansicht befinden sich solche Punkte auf den Gipfeln gewisser Berge, laut fernöstlicher Weisheit im geometrischen Zentrum des Hauses, nach indianischem Glauben am Grab des Vaters. Westliche Weise haben noch andere Kraftpunkte für Männer geortet.

An diesen Punkten schöpfen Männer Kraft und Hoffnung:
1. Chefsessel
2. Motorradsattel
3. Bar
4. Gaspedal
5. Weinhandlung
6. Schreibtisch
7. Autosalon
8. Dusche
9. Fußballstadion, Fankurve
10. Mikrofon
11. Hochsitz
12. Baumarkt

An diesen Punkten verlieren Männer alarmierend an Kraft:
1. Sofa der Schwiegereltern
2. Sonntäglicher Mittagstisch der Familie
3. Rote Ampel
4. Damenboutique
5. Wartezimmer
6. Supermarkt
7. Vorzimmer des Chefs
8. Stau
9. Theatersaal
10. Zahnarztstuhl
11. Standesamt

13. Sauna
14. Börse
15. Bett der
    Geliebten

12. Kreißsaal
13. Kinderzimmer
14. Börse
15. Ehebett

Neun Männer, die von Frauen früh ins Grab gebracht wurden

1. Thomas Chatterton, Dichter, 1752–1770

Der englische Poet kam zu Ruhm, als er die vergessenen Werke eines mittelalterlichen Dichters namens Rowley entdeckte und herausgab. Allerdings: Chatterton hatte Rowley nicht entdeckt, sondern erfunden. Die Verse im mittelalterlichen Stil hatte er selbst geschrieben. Nur seiner Freundin Emily gestand er die perfekte Fälschung. Emily hatte nichts Eiligeres zu tun, als mit dieser Nachricht an die Öffentlichkeit zu treten. Chatterton wurde der Täuschung angeklagt. Sie sagte gegen ihn aus. Mit 18 Jahren brachte er sich um.

2. Novalis, Dichter, 1772–1801

Das berühmte letzte Gespräch mit seiner Verlobten bedeutete den langsamen Tod des Romantikers Novalis. Die erst 13-jährige Sophie von Kühn starb 1798 an Schwindsucht. »Nur eines versprich mir«, bat sie den Dichter auf ihrem letzten Ruhebett. »Alles, was du willst«, sprach er. Darauf sie: »Folge mir alsbald nach!« Mit diesen Worten verblich sie. Novalis wurde kalt ums Herz. Er hatte sein Todesurteil vernommen. »Wiewohl er sich wehrte, musste er doch seiner Sophie ins Jenseits folgen«, berichtete sein Freund Tieck. »Es war, als zöge sie ihn unabwendbar hinüber.« Drei Jahre nach ihr, kurz vor seinem 29. Geburtstag starb Novalis – ebenfalls an Schwindsucht.

3. Franz Schubert, Komponist, 1797–1828

Franz Schubert fühlte sich zeitlebens mehr den Männern zugeneigt. »Im Kreise gleich gesinnter Sänger und Knaben« fühlte er sich warm und wohl. Und doch meinte er, es seinem Ruf zu schulden, »auch einmal ein Weib zu erproben«. Die Wiener Prostituierte Ottilie Hörbiger ließ sich auf die Probe ein. Freilich steckte sie den Meister dabei mit etwas an. Binnen kurzem fühlte er sich so sehr erschöpft und ausgelaugt, dass er es vorzog, mit 31 Jahren in die Gefilde der ewigen Musik hinüberzuwechseln.

4. Wilhelm Hauff, Dichter, 1802–1827

Bis zu seinem 24. Geburtstag galt der Dichter von »Der kleine Muck« und »Das kalte Herz« als kerngesunder und unbesiegbarer Kraftprotz. Dann heiratete er eine gewisse Luise und begab sich mit ihr auf eine Hochzeitsreise nach Tirol. Was genau dort geschehen ist, wurde nie ganz geklärt. Vielleicht ist der Dichter ganz einfach überfordert worden. Kurz vor seinem 25. Geburtstag, noch auf der Reise, ereilte ihn das tödliche »hitzige Frieselfieber«. Seine Witwe konnte von der Verwertung seiner Märchen bis ins hohe Alter zufrieden leben.

5. Georg Büchner, Dichter, 1813–1837

»Es ist etwas Seltsames, ja Unheimliches um dieses Weib«, schreibt Georg Büchner im Sommer 1836. Er meinte seine Verlobte, eine gewisse Wilhelmine Jaegele. Sie war der Ansicht, Büchner solle seinem erlernten frommen Beruf nachgehen, dem des Arztes. Die Schriftstellerei führe in Armut und Sünde. Büchner versprach zu gehorchen, schrieb aber heimlich weiter. Als Wilhelmine um Weihnachten 1836 das Manuskript zu einem sündigen Theaterstück namens »Woyzeck« entdeckte, muss ein folgenschwerer Entschluss in ihr gereift sein. Wenige Wochen danach wurde der Tod des

Dichters gemeldet. Vater Jaegele, ein Arzt, stellte den Totenschein aus und trug als Ursache »Typhus« ein.

6. Aubrey Beardsley, Zeichner, 1872–1898

Der geniale Illustrator gehörte nicht nur zum fragwürdigen Kreis um Oscar Wilde. Er erregte überdies Anstoß mit erotischen Zeichnungen. Vor allem der »Schutzverband viktorianischer Frauen« erklärte Beardsley und seine Kunst zum Skandal. Die Vorsitzende, Lady Margarete Almquist, erweckte den Anschein, man wolle Beardsley die Gelegenheit zu einer öffentlichen Rechtfertigung geben. Er solle auf dem Londoner Frauenkongress im April 1898 eine Rede halten. Drei Wochen vorher lud sie Beardsley zu einem Gespräch beim Tee. In der Nacht danach, am 16. März 1898, starb der 25-jährige Meister. Die Todesursache wurde nie geklärt.

7. August Macke, Maler, 1887–1914

Sein letztes überliefertes Gespräch hat Geschichte gemacht: »Wen liebst du mehr?«, wurde Macke von seiner Freundin Ernestine im Sommer 1914 gefragt. »Deutschland oder mich?« – »Dich!«, antwortete Macke. – »Ich liebe Deutschland mehr«, antwortete die Holde. »Und wenn ich dich genauso lieben soll, dann ziehe für Deutschland gegen die Franzosen! « Der Maler gehorchte. Mit 27 Jahren fiel er in der Champagne.

8. Rudolph Valentino, Filmstar, 1895–1926

»Den schaffe ich in sechs Monaten«, kündigte die Schauspielerin Pola Negri 1925 an, »den treffe ich ins Herz.« Sie meinte den ersten Latin Lover Hollywoods, den Mann mit dem hypnotischen Blick, den umjubelten Rudolph Valentino. Nach mehreren Ehen und zahlreichen Affären galt Valentino als »potentester und vitalster Mann Amerikas« (New York Times). Ein halbes Jahr, nachdem Pola Negri ihn an sich gebunden hatte, siechte er dahin und erflehte die Hilfe von Ärzten und Heiligen. Mit 31 Jahren starb er an einer rätselhaften Herzklappenentzündung.

9. James Dean, Schauspieler, 1931–1955

Die größte Liebe im Leben Deans war die knabenhafte Pier Angeli. Seine größte Feindin indes war Piers Mutter. Diese Caterina Angeli, geborene Turnupseed, nahm das Telefon ab, als Dean seine Geliebte zu einem Ausflug nach Salinas einladen wollte. Piers Mutter ließ sich sehr genau die Route beschreiben, die Dean über Nacht fahren wollte, und lehnte ab: »Das ist zu gefährlich für meine Tochter.« Dean fuhr allein. Im Morgengrauen starb er, gerade 24 Jahre alt, bei einem Zusammenstoß auf freier Strecke. Der andere Wagen wurde ganz zufällig von einem gewissen Donald Turnupseed gesteuert, einem Neffen von Mrs. Angeli. Turnupseed blieb »wie durch ein Wunder« unverletzt.

4.
Der Mann
als Spieler

Die 20 männlichsten Spiele und Sportarten

»Wer beobachtet, wofür Männer sich in ihrer freien Zeit begeistern, erkennt, wie sinnlos dieses Geschlecht ist«, behauptete Queen Elizabeth I. Die Liste beweist nicht gerade das Gegenteil. Sie enthält die 20 Spiele und Sportarten, denen vorwiegend oder ausschließlich Männer nachgehen.

Die Spiele

1. Autoquartett
2. Billard
3. Börsenspiele
4. Boule
5. Computerspiele
6. Darts
7. Eisenbahn
8. Flipper
9. Hahnenkampf
10. Modellbaukasten
11. Modellautos
12. Poker
13. Russisches Roulette
14. Schach
15. Skat
16. Spielautomat
17. Tischfußball
18. Toto
19. Würfeln
20. Zaubern

Die Sportarten

1. Angeln
2. Autorennen
3. Baseball
4. Basketball
5. Boxen
6. Eishockey
7. Extremklettern
8. Fingerhakeln
9. Football
10. Fußball
11. Gewichtheben
12. Jagen
13. Motorradrennen
14. Polo
15. Radrennen
16. Ringen
17. Rudern
18. Sportschießen
19. Trabrennen
20. Zehnkampf

Erste Hilfe
bei Fußball-Niederlagen

Sie sind eine Frau? Aber haben einen Mann? Und der sieht Fußball? Dann brauchen Sie diese Liste der Erste-Hilfe-Maßnahmen. Für den Abend der Niederlage. Sie erinnern sich: Als bei der WM '98 die Truppe um Berti Vogts ausschied, erhielt die deutsche Telefonseelsorge nahezu 10 000 Anrufe. Von Frauen. Von Frauen, deren Männer Fernseher spalteten, in Depression verfielen oder sich den Fuß verstauchten beim Versuch, ein Seil an die Zimmerdecke zu knüpfen. Natürlich ist Ihr Mann nicht so einer. Nicht so ein Wohnzimmer-Hooligan. Er ist intelligent und gerechtigkeitsliebend. Er findet, dass die bessere Mannschaft gewinnen sollte. Doch wenn seine Mannschaft verliert, oder wenn sie gar absteigt, oder wenn die Deutschen schon wieder rausfliegen, dann müssen Sie zur Meisterin werden. Zur Expertin in Psychotherapie.

- Trost nach einer Niederlage verträgt Ihr Mann nicht. Bei Weisheiten wie »Fußball ist doch nicht alles« rastet er sogar aus. Schließlich hat er gerade ganz persönlich, und leider ohne eingreifen zu können, das entscheidende Spiel verloren. Da ist Ihre ungerührte Überlegenheit das Letzte, was ihm Freude macht. Also verbergen Sie Ihre Souveränität. Geben Sie sich bescheiden.
- Wenn er gerne redet, fragen Sie ihn: »Wo, meinst du, ist es denn schief gelaufen? Und welcher Spieler hat dich am meisten enttäuscht? Und was waren die grauenhaftesten Fehlentscheidungen des Schiedsrichters? Meinst

du, dass der noch mal zugelassen wird? Und da der Trainer jetzt ja wohl gehen muss, wen würdest du als Nachfolger vorschlagen? Bei den Antworten kann Ihr Mann sich redend abreagieren. Mehr noch: Er kann seine Überlegenheit beweisen. Das stimmt ihn zuversichtlich.

- Fragen Sie ihn, was er anders und besser gemacht hätte: »Aber wenn du Trainer wärest, wann hättest du das Konzept umgestellt? Vor allem wie?« Dann wird er auf konstruktive, kreative Gedanken gelenkt. Zwar wird er die Niederlage nicht vergessen, aber er wird sich nicht so sehr davon herunterziehen lassen. Er sieht nun auch das Positive im Leben: nämlich sich selbst.

- Wenn Ihr Mann rein emotional reagiert, mit viel Adrenalin, müssen Sie vorbereitet sein. Bei Spielen der Nationalmannschaft sollten Sie sich rechtzeitig von der Käsetheke oder WM-Ecke im Supermarkt die Mini-Nationalflaggen besorgen. Vereinsflaggen müssen Sie leider selbst basteln. Am Abend des großen Spiels liegen seine und die Flagge des Gegners bereit. »Bitte sehr«, sagen Sie nach dem Schlusspfiff, »die hier können wir ja jetzt verbrennen.« Und reichen ihm die Streichhölzer.

- Sie haben eine Darts-Scheibe aufgehängt. Sie wissen ja, welche Fußballer Ihr Mann ohnehin nicht leiden kann (»Hässler taugt doch nichts mehr!«). Deren Konterfeis haben Sie aus der Zeitung ausgeschnitten und auf die Scheibe geklebt. Nun händigen Sie Ihrem Mann die Pfeile aus. »Komm, jetzt schießen wir die alle ab, und zwar um die Wette!«

- Sie lassen ihn gewinnen. Und überreichen ihm als Preis den Luftballon, auf den Sie das Bild des Trainers geklebt haben. »Und hier ist die Nadel, Liebling.«

- Wenn Ihnen die Leidenschaft Ihres Mannes richtig viel wert ist, haben Sie beizeiten 100 Mark hingeblättert und ein Paket mit nach Hause gebracht. Jetzt geben Sie es Ihrem Mann. Er packt aus: Es ist ein Gartenzwerg, dessen Gesicht Sie mit Hilfe eines Fotos und wenigen Handgriffen zur Karikatur des Trainers gemacht haben. Begleiten Sie Ihren Mann bei seinem kurzen Gang auf den Balkon. Ein Ruf nach unten: »Platz da!«, und die Sache ist erledigt.

- Wenn Sie im Parterre wohnen, reichen Sie Ihrem Mann zum Zwerg den Hammer (Schutzbrille nicht vergessen!). Wenn Sie kostenbewusst sind, verzieren Sie ein paar alte Teller mit den Bildern der Versager. Und machen Polterabend auf dem Küchenfußboden.

- Noch nützlicher: Sie schieben Ihrem Mann ein paar Mohrrüben zum Kleinhacken hin. Das führt Aggressionen ab und ergibt einen knackigen Salat. Hauptsache, er kann den Jungs zeigen, was er von ihnen hält.

- Wenn er den Groll verstecken muss, vielleicht gar, weil Sie so viel Aufregung um das Gekicke albern finden, dann bekommen Sie einen frustrierten Jammerlappen. Wenn er ein bisschen donnern und toben darf, ernten Sie Humor und Leidenschaft. Teller, Zwerge, Rote Rüben: Das ist es wert.

Sieben Gründe,
weshalb Männer sich nicht festlegen wollen

Jede Frau weiß, was für fantastische Pläne Männer ent-
werfen können. Mit großen Worten, großen Gesten, mit
Schwung, Elan, Begeisterung. Und jede Frau merkt mit der
Zeit, wann sie das tun: ganz am Anfang einer Beziehung. In
der Werbephase. Männer wissen instinktiv, dass sie Frauen
mit Visionen der gemeinsamen Zukunft locken und beeindrucken können. Deshalb malen sie wunderbare Pläne in die
Luft. Sie tun das keineswegs aus Berechnung. Sie flunkern
nicht. Im Moment des Werbens um eine Frau glauben sie
ernsthaft an ihre Ideen. Das gibt sich mit der Zeit. Und wer
Männer dann an frühe Werbesprüche erinnert, muss mit ge-
reizten Antworten rechnen. Aber weshalb? Ist es für einen
Mann so schlimm, mal ein paar Jahre vorauszudenken und
über diese Gedanken Auskunft zu geben? Ja, das ist es. Jedenfalls in Angelegenheiten des Gefühls und des privaten
Lebens. Sieben Antworten haben schlaue Wissenschaftler
zusammengetragen. Hier sind sie. Warum also vermeiden
Männer, sich festzulegen?

1. Weil noch was Besseres kommen könnte
Klingt unverschämt, ist aber wahr: Männer wollen sich immer ein Türchen offen halten. Im Jahre 1998 unternahm das
Berliner Institut für Erfahrungswissenschaften eine interessante Studie. »Wenn Sie drei Jahre in die Zukunft denken«,
wurden 417 Männer zwischen 21 und 35 gefragt, »worauf
würden Sie sich festlegen lassen: Auf den Beruf, den Sie heute ausüben? Auf die Automarke, die Sie heute fahren? Auf

die Wohnung, in der Sie heute wohnen? Auf die Partnerin, mit der Sie heute zusammen sind?« – Die Partnerin landete auf dem letzten Platz. Skandalös? Nur auf den ersten Blick. Denn als das Institut drei Jahre später dieselben Männer wieder befragte, stellte sich heraus: Viele hatten die Automarke gewechselt, noch mehr waren umgezogen, wiederum noch mehr hatten sich beruflich verändert, nur die Partnerin war in 83 % der Fälle immer noch dieselbe. Obwohl – nein gerade: weil! – die Männer sich auf sie partout nicht hatten festlegen wollen. Da hatte offenbar jemand anderes für Festigkeit gesorgt.

2. Weil sie nicht kontrollierbar sein wollen

»Jedes Wort, das ich über unsere Zukunft sagen würde, würde meine Freundin unauslöschlich im Gedächtnis behalten«, argwöhnte bereits Schwerenöter Clark Gable. »Und jede Abweichung würde sie mir vorhalten.« Da sagte er doch lieber nichts. Und so halten es die meisten. »Wer nichts verspricht, braucht auch nichts zu halten«, notierte der Philosoph Sören Kierkegaard. Sehr wahr. Und umgekehrt gilt: Wer etwas verspricht, muss sich an seinem Versprechen messen lassen. Wer für die Zukunft plant, der ist aufmerksamen Blicken ausgesetzt: Meint er es wirklich ernst? Redet er nur, oder tut er auch was? Genau diese prüfende Aufmerksamkeit fürchten Männer. Deshalb vermeiden sie Klarheit in ihren Aussagen.

3. Weil sie ihren Gefühlen nicht trauen

Das Problem ist uralt und immer wieder neu: Männer haben keinen Zugang zu ihren Gefühlen. »Für Frauen wird das ewig unbegreiflich bleiben«, seufzte bereits Hedwig Courths-Mahler. »Männer wissen oft nicht einmal, was sie fühlen. Oder dass sie überhaupt etwas fühlen. Sie merken gerade noch, wann es ihnen ganz gut geht und wann nicht. Was darüber hinausgeht, bleibt ihnen unklar.« Sie wissen nicht genau: Liebe ich diese Frau? Oder ist das nur Gewohnheit? Oder Bequemlichkeit? Könnte es nicht genauso gut eine andere sein? Jetzt bin ich zufällig mit ihr zusammen, wer weiß, was im nächsten Frühjahr los ist? Kurz: Um für die Partnerschaft planen zu können, müssten Männer sich auf ihre Gefühle verlassen. Aber sie trauen diesen Gefühlen nicht.

4. Weil sie diesen Trumpf nicht aus der Hand geben wollen

Jetzt kommt der Macht-Faktor. Eine verlässliche Aussage über die Zukunft zu verweigern, das bedeutet: Ich werde dir schon sagen, wenn es so weit ist. Jetzt jedenfalls noch nicht. Strampele dich ruhig noch ab. Ich bestimme den Zeitpunkt. Ich habe das Sagen. Angenommen, ein Mann würde seiner Freundin erklären: Wenn ich mit der Ausbildung fertig bin, heiraten wir, und dann bekommen wir Kinder, was würde die Freundin dann tun? »Sie würde zu ihren Freundinnen laufen und zu ihrer Mutter und würde es allen erzählen«, fürchtet Englands Charme-Spieler Hugh Grant. »Und die würden dann Druck ausüben. Plötzlich gäbe es ein Netzwerk von Leuten, die an meiner Zukunft stricken. Nur ich hätte nichts mehr zu sagen.« Das mag ein Irrtum sein. Doch genau diesen Machtverlust fürchten die Männer.

5. Weil ihnen die Zukunft gleichgültig ist

Die amerikanische Frauenforscherin Jodie Philips hat in einer Sprachanalyse herausgefunden, dass kleine Jungen mit anderen Worten getröstet werden als kleine Mädchen. Mädchen bekommen Mahnungen zu hören: »Du musst eben besser aufpassen!« Den Jungen dagegen wird gesagt: »Mach dir mal keine Sorgen, das wird schon wieder!« Mädchen lernen also früh, dass sie Acht geben und nachdenken müssen. Jungen lernen früh, dass schon alles irgendwie hinhaut. Mädchen werden zur Vorsicht erzogen, Jungen zur Lässigkeit. Das hat auch tiefere Gründe: Ein Mädchen, das sich nicht vorsieht, kann schwanger werden. So machen sich von früh an Frauen viel mehr Gedanken über die Zukunft als Männer. Wer aber macht sich Gedanken über die Zukunft der Männer? »Zuerst ihre Mütter«, spricht Jodie Philips, »dann ihre Frauen.«

6. Weil sie noch ein bisschen
in der Sandkiste bleiben wollen

»Wer mitteilt, was er in Zukunft zu tun gedenkt, engt seinen Freiraum ein«, moserte Maler René Magritte und fügte an: »So einer kann kein Künstler sein.« Der ruhmreiche Rennfahrer Stirling Moss lehrte: »Wer spannend leben und spontan handeln will, kann sich nicht auf einen Plan festlegen. Für Abenteurer währt die Zukunft höchstens bis zum nächsten Morgen.« Na, und in jedem Mann steckt natürlich ein Abenteurer. Oder ein Künstler. Jedenfalls einer, der ganz und gar im Spiel versinkt wie damals in der Sandkiste und der ganz beleidigt ist, wenn Mama zum Essen ruft. »Männer haben kein Zeitgefühl«, behauptet halb ernst, halb scherzend Woody Allen. »Die Frauen müssen die Uhren stellen.« Und das tun sie denn auch.

7. Weil sie keine Kinder kriegen

Männer werden nicht schwanger. Tragen nicht neun Monate lang ein Kind aus. Können es nicht säugen, nicht päppeln. Nirgendwo in der Natur sind sie für diesen Job vorgesehen. Und während die Natur eine Mutter auf mindestens neun Monate festlegt, gibt es für Männer nicht einmal diese Frist. Sie sind von Natur aus überhaupt nicht festgelegt. Nur das bürgerliche Gesetzbuch zwingt sie zur Verantwortung für ihre Vaterschaft. Angeboren ist ihnen dieses Verantwortungsgefühl nicht. Was es heißt, für jemanden da zu sein, jemandem Sicherheit zu geben, eine verlässliche Zukunft. Es steht einfach nicht in ihren Genen. Sie müssen es lernen. Und wer bringt es ihnen bei?

Die 30 männlichsten Verkehrsmittel

Exklusiv für dieses Buch befragte das Magazin *Kixx*, deutsche Ausgabe, im Dezember 1998 über 10 000 Leser nach den männlichsten Verkehrsmitteln. »Männer denken in punkto Fortbewegung weder ökologisch noch sozial«, schreibt *Kixx*-Chef Andreas F. Kracke in reuiger Selbsterkenntnis. Hier das Ergebnis in der Reihenfolge der häufigsten Nennungen.

1. Motorrad
2. Truck
3. Ferrari Testarossa
4. Lokomotive
5. Land-Rover
6. Porsche 911 Targa
7. Heißluftballon
8. Chevy Pick up
9. Morgan plus 8
10. Bike
11. Concorde
12. Magirus Deutz
13. Helikopter
14. Triumph Spitfire
15. Austin Healey
16. Zeppelin
17. Aston Martin
18. Lear Jet
19. Jaguar E-Type
20. Traktor
21. Maserati
22. Motorschlitten
23. Cessna
24. Corvette
25. Trabant
26. Speedboot
27. Lamborghini
28. Kondom
29. Fallschirm
30. U-Boot

Künstler und Frauen – zwölf ergreifende Zitate

1. »Die Welt der Frauen ist die Liebe. Die Liebe des Mannes ist die Welt.« – Peter Altenberg, Dichter

2. »Die Kunst ist der einzige Ausweg in einer Welt der Frauen.« – Federico Fellini, Regisseur

3. »Es ist herrlich, sie zu malen. Es ist betörend, sie zu lieben. Aber wie ein Mann auch nur eine Woche mit ihnen zusammenleben kann, ist mir ein Rätsel.« – Gustav Klimt, Maler

4. »Künstler sollten alleine leben. Eine 24-Stunden-Beziehung halbiert die Rechte und verdoppelt die Pflichten. Der Partner einer Lichtgestalt wird schnell zum Schattengewächs.« – Udo Lindenberg, Sänger

5. »Eine begabte Frau kann einem Künstler vielfach nützlich sein. Sie darf nur nicht auf den Gedanken verfallen, sie selbst sei Künstlerin.« – Auguste Rodin, Bildhauer

6. »Ich bin sicher, dass Frauen einen Künstler inspirieren. Ich weiß nur nicht, auf welchem Gebiet.« – Laurence Olivier, Schauspieler

7. »Einem Künstler zu dienen ist befriedigender als selber Kunst hervorzubringen. Das weiß jede Frau.« – Richard Wagner, Komponist

8. »Die enorme Egozentrik, die ein Künstler haben muss, macht ihn für ein bürgerliches Leben ungeeignet. Wenn die Frau von Johann Sebastian Bach gesagt hätte: Bring mal den Müll runter, hätte er sicher manche Kantate nicht geschrieben.« – Markus Lüpertz, Maler

9. »Für eine Frau besteht der Sinn des Lebens darin, mög-

lichst oft glücklich zu sein. Das ist für mich keine Kategorie, und das traute Beisammensein ist mir fad. Mein Leben ist meine Arbeit. Frauen müssen sich dieser Situation unterordnen.« – Helmut Dietl, Regisseur

10. »Jede Note meiner Opern ist für die Frauen geschrieben. Und doch gibt es kein größeres Glück, als wenn sie mich in Ruhe lassen.« – Giacomo Puccini, Komponist

11. »Das Verschwindenlassen einer Dame ist der einzige Zaubertrick, der einem Künstler auch im Leben nützt.« Harry Houdini, Magier

12. »Ich würde Frau und Kinder verbrennen, wenn das die einzige Möglichkeit wäre, weiter zu malen.« – Pablo Picasso, Maler

Sieben Filmszenen,
die Männer nachahmen

1. Wenn der Postmann zweimal klingelt

Er nimmt sie auf dem Küchentisch. »Seit der Film lief, werden unsere Verkäufer immer wieder verschämt auf die Stabilität von Küchentischen angesprochen«, heißt es im *Trainingsprogramm für den erfolgreichen Möbelverkäufer.* »Die Kunden fragen etwa: Hält der auch mehr aus? Kann man darauf sitzen? – Reagieren Sie verständnisvoll und bejahen.«

2. Eine verhängnisvolle Affäre

Er nimmt sie im Fahrstuhl. Bundesweit wurden im Jahr 1996 genau 743 Fälle Erregung öffentlichen Ärgernisses in Fahrstühlen angezeigt. Die Dunkelziffer wird auf das Vierfache geschätzt. Übliche Entschuldigung der männlichen Delinquenten, zu der auch Anwälte raten: »Michael Douglas hat es auch gemacht.«

3. Der Große Blonde mit dem schwarzen Schuh

In der Szene »Mach mir den Hengst« wiehert er, bis sie angetörnt ist. »Obgleich der Film mehr als zwanzig Jahre alt ist, versuchen Männer es immer noch auf die Tour«, heißt es in einem Bericht der Polizeigewerkschaft über »die häufigsten nächtlichen Ruhestörungen in Deutschland«.

4. Neuneinhalb Wochen

Er macht es mit ihr auf jede denkbare Art. »Wenn wir uns wundern, mit was für Schürfwunden und merkwürdigen Verletzungen hier Frauen eingeliefert werden«, berichtet

Holger Bruns von der *Interessengemeinschaft Deutscher Ärzte in der Notaufnahme,* »ist die Antwort oft erschreckend einfach: Er wollte mit mir *Neuneinhalb Wochen* machen.

5. Casablanca
Die Abschiedsszene auf dem Flugplatz. »Kein halbwegs intelligenter Mann versucht es noch mit ›Schau mir in die Augen, Kleines‹«, schreibt Christa Herbarth in *Der große Ratgeber für Bad Girls.* »Aber viele versuchen, dich so anzustarren. Und noch mehr wären froh, wenn du dich danach ins Flugzeug setzen würdest. Damit sie dich los wären. Mache es nicht wie Ingrid Bergman. Hau ihnen eine runter.«

6. Ein Fisch namens Wanda
Wanda gibt sich willenlos hin, wenn ein Mann italienisch oder gar russisch spricht. »Die Nachfrage nach Italienisch und Russisch-Kursen ist nach dem Film unter Männern sprunghaft angestiegen«, berichtet der *Verband deutscher Fremdsprachenlehrer.* »Und jede Fernsehausstrahlung bringt neue Kunden.«

7. Harry und Sally
Im Restaurant spielt sie ihm einen Orgasmus vor. Hier sind nicht die Männer die Nachahmer, »obwohl leider auch das vorkommt, aber meistens stiften sie die Frauen zur Nachahmung an«. Das jedenfalls teilt Jörg Mosebach vom *Deutschen Gaststättentag* mit. »Sobald unsere Kellner hören, wie ein Mann seine Partnerin animieren will, greifen sie ein.«

Die fünf bedeutendsten
männlichen Sammlungen

In jedem Jahr zeichnet der *Bund Deutscher Sammler* fünf private Sammlungen aus, die er für »originell, lehrreich und für lange Zeit sehenswert« hält. Im Jahre 1998 kamen in die engere Wahl Sammlungen von Bauchbinden, Biergläsern, Blasrohren, Büstenhaltern, Dampfmaschinen, Friedenspfeifen, Giraffenzähnen, Nussknackern, Peitschen, Polizeimützen, Präservativen, Radiergummis, Schrauben, Strumpfbändern, Toastern, Zahnspangen. Ausgezeichnet jedoch wurden die folgenden fünf Sammlungen, die – wie 98 % aller Sammlungen – von Männern zusammengestellt wurden.

1. Streichhölzer
Der Hamburger Grafiker Svato Zapletal besitzt die weltweit größte Sammlung von gekrümmten Streichhölzern. Der Künstler: »Gekrümmte Streichhölzer sind selten. Aber bisweilen findet sich auch in einer normierten Schachtel noch ein merkwürdig verwachsenes Exemplar, das beim Anzünden wohl brechen würde. Ich rette es. Denn es ist ein Außenseiter. Und für die habe ich ein Herz.« Die Sammlung der rund 3000 Außenseiter wurde zwischen 1988 und 1998 international mehr als zwanzig Mal ausgestellt und entging im Herbst 1997 nur knapp einem Brandanschlag der Ehefrau.

2. Kursbücher
Auf diesem klassisch männlichen Sammelgebiet zeichnet sich der Nürnberger Eisenbahnpensionär Gerhard Engler durch besonders wertvolle Stücke aus. Er besitzt nicht nur sämtli-

che europäischen Kursbücher seit Einführung der Eisenbahn, sondern auch die ersten Exemplare aus den ehemals deutschen Kolonien und die gesuchten frühen Werke über die Abfahrtszeiten der Bagdad-Bahn und des Blue Trains von Timbuktu nach Marrakesch. Schönstes Stück: der berühmte Fehldruck des Kursbuches Nürnberg-Fürth von 1836, der eine falsche Ankunftszeit in Sündersbühl ausweist. Engler lebt von seiner Frau getrennt.

3. Dachziegel

Auf die größte Dachziegel-Sammlung der Welt wurde die Öffentlichkeit erst aufmerksam, als ihr Hüter, der Duc de Bourgogne, im Herbst 1997 vom Dach des Londoner Tower stürzte. Seine auf 30 000 Stück geschätzte Sammlung, die seit Sommer 1996 in seinem Schloss bei Mâcon der Öffentlichkeit zugänglich ist, enthält Dachziegel aus vier Jahrtausenden, darunter Exemplare aus mesopotamischer und altägyptischer Zeit. Für deutsche Besucher interessant: Die Ausstellungsstücke vom Goethe-Haus in Weimar, von Hitlers Reichskanzlei sowie von der Villa von Roy Black. Vom Ziegel des Londoner Tower sind, ebenso wie vom Duc de Bourgogne selbst, nur Bruchstücke erhalten.

4. Pantoffeln

Die sympathische Sammlung von Robert Metternich ist in Wien zu Hause. Metternich war bis zu seiner Pensionierung 1983 Schlossführer in Schönbrunn, wo der tägliche Anblick der Besucher-Pantoffeln seine Leidenschaft weckte. Mit Unterstützung seiner Familie gelang es Metternich, binnen zweier Jahrzehnte die weltweit größte Sammlung von Pantoffeln zusammenzutragen, zu der prächtige, goldbestickte Paare von indischen Maharadschas ebenso gehören wie schlichte, jedoch formschöne Exemplare aus Afghanistan und Sonderangebote vom Woolworth-Tisch.

Im Herbst 1998 konnte Metternich seine inzwischen auf 10 000 Paare angewachsene Sammlung durch die diamantenbesetzten Pantoffeln des dritten Kalifen vom Bagdad krönen. Der bald neunzigjährige Sammler entschloss sich daraufhin, seine Kostbarkeiten von 1999 an allen interessierten Besuchern zugänglich zu machen. »Der Pantoffel«, meint Metternich, »ist und bleibt ein Symbol der Männlichkeit.«

5. Phallussymbole

Die Sammlung von Phallussymbolen, die der Renaissance-Papst Julius II. anlegte, galt lange als verschollen. Nach zeitgenössischen Berichten enthielt sie marmorne, granitene und sandsteinerne Penisse von griechischen Kentauren und Olympioniken, römischen Gladiatoren und persischen Götterfiguren, dazu geschnitzte Stücke aus Ebenholz und Elfenbein vom afrikanischen Kontinent sowie einige mumifizierte Exemplare aus altägyptischer Zeit. Als Prachtstück der Sammlung galt der marmorne Phallus des dreifach lebensgroßen David, den Michelangelo geschaffen hatte. Auf Geheiß des Papstes musste der Künstler den angeblich übergroßen Penis »zur Verhinderung öffentlichen Aufsehens« abschlagen und dem Vatikan übereignen und die Statue stattdessen mit einer »sittsamen« Fassung ausstatten. Den römischen Jüngling, der Modell für den David gestanden hatte, machte Papst Julius im selben Jahr 1504 zu seinem Leibdiener. Nach dem 18. Jahrhundert wurde die Sammlung nicht mehr erwähnt und galt als zerstört oder verschollen. Im Herbst 1997 wurde sie bei Ausschachtungsarbeiten für einen U-Bahn-Tunnel in Rom überraschend wiederentdeckt. Seit September 1998 ist sie wieder im Vatikan zu sehen, vollständig bis auf den Phallus des David, der wie zuvor als päpstlicher Privatbesitz gilt.

Sechs Gründe,
warum Männer sammeln

Männer sind Sammler. Frauen beklagen es oft. Obwohl auch sie, auch die Frauen sammeln. Sie sammeln zum Beispiel Rabattmarken. Oder eigens hergestellte Sammelteller und Sammeltassen. Auch getrocknete Kleeblätter. Falls sie kinderlos sind, Puppen und Stofftiere. Und in jedem Fall Schuhe, Kleider, Juwelen. Aber es gibt einen deutlichen Unterschied zum männlichen Sammeln: Weibliches Sammeln hat einen praktischen Sinn. Rabattmarken lassen sich zu Cash machen. Sammelteller zieren die Wohnung. Die Puppen dienen als Ersatz. Die Kleeblätter als Freude im Alter. Die Juwelen der Aufwertung der eigenen Person. Männliches Sammeln erscheint im Vergleich sinnlos, jedenfalls auf den ersten Blick. Auf den zweiten Blick enthüllen sich schier unauslotbarer Sinn und geheime Urtriebe. Hier sind die sechs tiefen Gründe, aus denen Männer sammeln.

1. Weil sie Jäger sind
Männer sind stets auf der Pirsch, um Trophäen einzusacken. Sie jagen nach Schmetterlingen und spießen sie auf. Nach kostbaren Uhren und schließen sie ein. Nach alten Weinen und trinken sie nie. Männliches Sammeln ist sinnfreies Spiel. Oder ist es etwa sinnvoll, immer neue Schmalspurloks zu erwerben, um sie im Kreis fahren zu lassen? Sämtliche Achttausender innerhalb eines Jahres zu besteigen? Uhren unter Glas zu verschließen? Autos zu horten, wenn eins genügt? Im Keller Flüssigkeiten zu stapeln, die garantiert nicht mehr trinkbar sind? Nein. Aber mit jedem neuen Beutestück zeigt

der Jäger, dass er weiter kämpft, dass er noch nicht zahnlos, noch nicht unbrauchbar geworden ist. Und wem zeigt er es? Seiner Frau. Schade, dass sie die Geste nicht immer wohlmeinend aufnimmt.

2. Weil sie vorsorgen wollen

Männer horten Telefondraht und alte Schuhe. Sie hüten eine Schraubensammlung im Keller und können verschiedene Stapel alter Zeitungen am Geschmack unterscheiden. Sie bewahren abgewetzte Hosen auf. Oder sogar, wie sich nach dem Tod von Elvis Presley zeigte, ausgediente Zahnbürsten. Der Rockstar beschirmte sie in Vitrinen in einem gut temperierten Kellerraum. Sie sind heute pro Stück etwa 10 000 Dollar wert – also hat sich das Sammeln gelohnt. Und das, eben die geheime Vorsorge, steckt als stiller Antrieb in jedem sammelnden Mann, mögen die Objekte noch so unnütz erscheinen. Er weiß nicht, ob sie nicht eines Tages doch noch zu etwas gut sind für ihn und für seine Familie. Merkwürdig, dass Frauen darauf nur selten gerührt reagieren.

3. Weil sie Angst haben

Männer verstehen das Leben nicht. Sie können nur versuchen, einen winzigen Ausschnitt des fremden Daseins in eine beruhigende Ordnung zu bringen. Indem sie Strukturen finden und festlegen, hoffen sie, besser und womöglich genauso gut wie eine Frau mit der Welt zurechtzukommen. So wirkt das Sammeln heilend auf ihren Körper und ihre Seele. Hermann Pautsch von der Psychiatrischen Versuchsanstalt Treuenbrietzen hat das bereits an Kindern festgestellt. »Versuchsreihen mit fünfjährigen Vorschülern belegen, dass schüchterne männliche Probanden sich durch das Sammeln von Bauklötzen und Filzschreibern selbst beruhigen konnten. Dies wurde bei Mädchen nicht beobachtet.« Pautsch glaubt, eine urmännliche Strategie der Bewältigung von Krisensituationen entdeckt zu haben. »Ich bin mir ganz sicher, dass 70 % der Suizide unter Männern durch beruhigendes Anlegen und Pflegen von Sammlungen hätten verhindert werden können.«

4. Weil sie Experten sein wollen

Auch dieser Ehrgeiz steckt hinter männlichem Sammeln. Und Großes kommt dabei zu Stande. Die erste Enzyklopädie der Welt entsprang der Sammelleidenschaft des Dichters Diderot. Er wollte einfach alles Wissen einheimsen. Die großen Kunstsammlungen der Welt sind allesamt von Männern aufgebaut – und manchmal von Frauen ererbt. Queen Victoria sammelte zwar Gemälde, aber das tat sie lediglich, weil es sich für einen Throninhaber ziemte. Und natürlich hatte sie einen männlichen Berater, der für sie die Sammlung zusammenstellte, denn von Kunst verstand sie nichts. »Der überschaubare Bereich einer Sammlung ermöglicht es einem Mann, absoluter Experte wenigstens auf einem Gebiet zu werden und sich darüber ungehemmt zu verbreiten«, erläutert Ernst Federau, Vorsitzender des *Bundes Deutscher Sammler (BDS)*. Federau selbst ist gesuchter Festredner und Fachmann für das Gebiet »Dänische Kronkorken zwischen 1919 und 1945«.

5. Weil sie von Frauen beherrscht werden

Im Jahre 1995 begann der *Bund Deutscher Sammler* eine interessante Untersuchung. Wann, wurden die rund 5000 männlichen Mitglieder befragt, haben Sie mit dem Sammeln angefangen? – Weitaus die meisten, stellte sich heraus, hatten einige Jahre nach der Eheschließung begonnen. Kein Zufall, meint BDS-Chef Ernst Federau: »Die Sammlung ist oft das letzte Refugium, das dem Mann bleibt, wenn eine Frau ins Haus gekommen ist. Die Freiheit, die ihm im Großen genommen wird, erobert er sich im Kleinen zurück. Mit der

Sammlung schafft er sich einen winzigen Freiraum, oft den einzigen Raum, den die Frau nicht überwacht.« Es hat schon seinen Grund, dass das Wort Sammlung doppeldeutig ist: Es steht für museales Sammeln ebenso wie für Meditation. Die Sammlung eröffnet dem Mann eine meditative Rückzugsmöglichkeit, ermöglicht ihm die Flucht in eine kleine Einsiedelei. Federau: »Der kostbare Sinn des Sammelns ist es, ein wenig Freiheit zu schaffen in der Welt des Matriarchats, in der wir nun einmal leben.«

6. Weil sie die Vielfalt erhalten wollen

Unter dem Gesichtspunkt der Evolution ist dies gewiss der edelste Antrieb männlichen Häufens, Hortens, Aufbewahrens. »In jedem sammelnden Mann«, erklärt der Berliner Anthropologe Timo Timmermann, »wirkt der Impuls, den der Urvater aller Sammler in seinen Genen hatte, der Impuls, das Fortleben der Arten zu sichern, ihre Vielfalt zu bewahren, ihren Formenreichtum zu schützen, ihr Weiterleben zu hüten für alle Zeit.« Denn der Urvater aller männlichen Sammler ist jener Patriarch der Bibel, der von jedem Lebewesen genau ein männliches und ein weibliches Exemplar sammelte. Der Ausstellungsort seiner Zusammenstellung war ein Boot. Seine Sammlung nannte er Arche Noah. Ihr strebt im tiefsten Herzen jeder Mann nach.

Zwölf sonderbare Praktiken
naturnaher Männer

Die so genannten primitiven Völker haben uns vieles voraus. »Nur ahnungsloser Hochmut konnte sie zur Zivilisation bekehren wollen«, schreibt der Ethnologe Claude Lévi-Strauss. »Von ihrer vitalen Wildheit, von ihrem Leben im Rhythmus der Natur können wir nur lernen.« Das ist gewisslich wahr. Und doch stimmt uns die folgende Aufstellung naturnaher Praktiken ein wenig skeptisch. Die Liste, unter Ethnologen unumstritten, wurde exklusiv für dieses Buch erstellt von der *Gesellschaft für bedrohliche Völker*. Angesichts der dargestellten Riten halten wir es für angebracht, an gewissen Errungenschaften der so genannten Zivilisation fest zu halten. Wie, war die Frage, gehen Trennungen von Mann und Frau bei Naturvölkern vonstatten?

1. Grönland. Der Inuit-Mann setzt die Frau auf eine Eisscholle und gibt ihr – der Scholle – einen leichten Tritt. Sie treibt ins offene Meer und schmilzt schließlich in wärmeren Gewässern.

2. Sahara. Der Beduine lädt seine Frau in der Wüste ab. Sie hockt sich am Rand des Karawan-Weges auf einen so genannten Kraftpunkt, bis durch Flugsand eine Düne entstanden ist. Die Düne erleichtert nachfolgenden Nomadenzügen die Orientierung.

3. Australien. Bei den Aborigines setzt sich die Frau nach einem von ihr selbst bereiteten Abschiedsessen in eine so genannte Winnie-Winnie, nämlich eine Windhose, und

lässt sich vom Wirbelwind davontragen. Die Methode wird auch als Reise zu den Göttern umschrieben.

4. Papua-Neu Guinea. Der Kiwai-Mann bereitet aus den ausgekochten Haaren der Verstorbenen mit Wasser, Bananenbrei und den zerstoßenen Samen des Dango-Strauches ein wohlschmeckendes, moussierendes Getränk. Es hat tröstliche Wirkung und verleiht Kraft.

5. Kolumbien. Die Quimbaya setzen die Frau auf einen gleich alten Esel, den sie in die Wildnis treiben. Wo der Esel die Frau abwirft, entsteht nach altem Glauben eine Quelle. Die Wasserarmut ist dennoch nach wie vor ein großes Problem des Landes.

6. Nepal. Der Nepar-Mann führt seine alte Frau auf einen hohen Berg, wo sie von einem Grat auf eine Wolke umsteigt und wegfährt. Meist verschluckt die Wolke die eintretende Frau sofort, was von den Nepar als Vorzeichen für gutes Wetter gedeutet wird.

7. Bali. Ausgediente Frauen der Bali-aga werden einbalsamiert und als pittoreske Tempelfiguren aufgestellt. Der schwunghafte Handel mit diesen Tempelfiguren muss unter religiösen Gesichtspunkten als fragwürdig angesehen werden.

8. Mongolei. Die Kalmücken verarbeiten die besonders scharfen Zähne ihrer Frauen zu Pfeilspitzen.

9. Brasilien. Damit der Gott des Blitzes nicht ihr Dorf treffe, führen die Tupi-Indianer ihre alten Frauen bei heraufziehendem Gewitter auf umliegende Hügel, wo sie den Gott der Blitze anziehen und seine Kraft in den Boden ableiten.

10. Fidschi-Inseln. Beim Seefahrervolk der Rarotonga melden sich alte Frauen angeblich freiwillig, um sich als Bojen für Fischernetze zur Verfügung zu stellen.

11. Lappland. Der Samek-Mann verabschiedet sich zu Beginn des polaren Winters von seiner Frau. Sie stellt sich

mit ausgestrecktem Arm am Weg aus und wird mit Wasser übergossen. Schnell erstarrt, dient sie den Rentierherden in der gleichförmigen weißen Steppe als Wegweiser.

12. Kenya. Bei den Kinangop werden abgeschobene Frauen als Puppen gekleidet und beim großen Neujahrsfest verbrannt. Dass dieser Ritus zur Touristenattraktion geworden ist, nimmt ihm viel von seinem ursprünglichen Zauber.

Männer mit verdeckten Mängeln

Die *Bad Girls of Cologne* haben für dieses Buch »alle aktuellen Typen« durchgecheckt. Und verteilen Mängelrügen und TÜV-Plaketten.

Der Raver

ERSTER EINDRUCK: Bewegt sich absolut irre, hat Energy für ein Bataillon Laserkanonen und sprüht vor Lebenslust. In seinen Adern pulsieren die Vibes von Detroit und Bristol. Er weiß schon jetzt, welche Power Trax im nächsten Monat die Dance Charts stürmen. Nachts ein quirliges Irrlicht, tagsüber locker, witzig, unkompliziert. Er bringt Farbe ins Leben. Spaß. Rhythmus. Als Beruf gibt er an: Freier Wetterkartengestalter. Und hat auch sonst was drauf. Marusha und Laurent Garnier haben seine Demo-Tapes angenommen oder jedenfalls nicht zurückgeschickt. Nach der ersten Nacht stellt er ein Special Remix her. »Nur für dich!« Echt kreativ.

MÄNGEL-RÜGE: Dieses Easy Elektro Ambient Jungle Trip-Zeug ist total fetzig. Kann einem aber enorm auf den Keks gehen, wenn es zum Lebensinhalt wird. Und das ist bei ihm der Fall. Du sollst sein neuestes Piercing bewundern, seine abgefahrene Frisur richten, die Sicherheitsnadel für den Schottenrock finden, womöglich den neonfarbenen Ziegenbart kämmen. Zwischen TripHops und HiHats führen alle seine Wege ins Technoland. Er will eben Spaß. Und bloß nichts Ernsthaftes. Nie. Keine Beziehung, oder jedenfalls keine, über die man reden muss. Er tut alles für die nächste Love Parade. Und wenig für die Liebe.

TÜV-PLAKETTEN:

Als Lover: ❤❤
Als Partner: ❤
Als guter Freund: ❤❤

Der Sportliche

ERSTER EINDRUCK: Er sieht immer so aus, als käme er gerade vom Surfen. Eine Meeresbrise umweht ihn, wohin er auch schlendert. Er ist lässig, frisch, duftig. Seine blonden Locken umspielen sein Sonnengesicht, und er sähe wie ein Engel aus, wäre er nicht so unverschämt männlich. Hätte er nicht diesen Superbody. So fit. So knackig. So total durchtrainiert. Er ist dieser Typ, der von turmhohen Kliffen ins brausende Meer springt. Und dann aus dem Schaum wieder auftaucht wie ein Gott. Wie ein Gott des Sex-Appeals. Der reinen Lust. Der puren Erotik. Einfach wahnsinnig appetitlich. Und dazu gibt es bei ihm keinen Stillstand. Kein Sumpfen vor dem Fernseher. Er unternimmt was. Fährt raus. Sucht neue Kicks. Hat immer Ideen. Ein Mann des Anpackens. Der Action.

MÄNGEL-RÜGE: Okay, er hat immer Ideen. Aber wofür? Für Biking, Skating, Paragliding. Für einen Sommer ist das fantastisch. Im Winter musst du schon überlegen, ob du Snowboarding, Eis-Surfen und alpine Powder-Touren mitmachen willst. Und falls es länger halten soll, sei dir darüber im klaren, dass er von Mode nur was hält, wenn die atmungsaktiv, schweißaufnehmend, rutsch- und regensicher ist. Und dass in der Wohnung kein Bild an der Wand hängt, sondern sein High-End-Bike, das leider so viel gekostet hat wie der Brillie, den er dir nie schenken wird. Sammel schon mal Food-Cards mit Fitness-Menüs und Megadosis-Vitamin-Drinks, falls du einem Mann was bieten willst, der zutiefst davon überzeugt ist, dass Frauen nicht mithalten können.

TÜV-PLAKETTEN:

Als Lover: ❤❤❤
Als Partner: ❤
Als guter Freund: ❤❤

Der Yuppie

ERSTER EINDRUCK: Er ist der Mann der Zukunft. Der jetzt schon gut und bald noch viel besser verdient. Der Mann, der aufsteigt. Weil er diese unschlagbare Kombination hat aus gutem Aussehen, dynamischem Auftreten, Sicherheit, Intelligenz, Charme. Sein Qualitätsbewusstsein ist überzeugend. Nicht nur, weil er auf dich gekommen ist. Sondern weil er sich gut anzieht, nicht grell, dafür nobel und dabei locker. Weil er dezent und verführerisch duftet. Weil sein Cabrio die Holz- und Lederausstattung zeigt. Und sein Loft hat genau den Mix aus Top Design und persönlichen Accessoires, in dem du dich zugleich edel und entspannt fühlst. Er will dir nicht nur was bieten. Er kann es auch.

MÄNGEL-RÜGE: Der Typ kann sich vieles leisten. Nur nicht Offenheit. Nicht Aufrichtigkeit. Oder Gefühle. Hat er natürlich, klar, hat er reichlich. Unterdrückt er aber, weil sie ihm unheimlich sind. Weil sie seine Souveränität erschüttern könnten. Weil sie nicht in das coole Bild passen, das er von sich aufrechterhalten will. Alles, was allzu persönlich wird, schüchtert ihn ein. Wenn du über Probleme mit ihm reden willst, wird er versuchen, dich zu beschwichtigen. Konflikte wird er verleugnen. Wenn es dir mal nicht gut geht, will er damit nichts zu tun haben. Er will schnelle Lösungen sehen. Deshalb belässt er es auch am liebsten bei One-night-Stands. Für länger braucht er eine repräsentative Frau, die ohne Lärm Haus und Kinder versorgt und pflegeleicht bleibt.

TÜV-PLAKETTEN:

Als Lover: ❤❤❤
Als Partner: ❤❤
Als guter Freund: ❤

Der Intellektuelle

ERSTER EINDRUCK: Der Typ würde beim Model-Wettbewerb vielleicht nicht auf den vordersten Plätzen landen. Trotzdem sieht er irgendwie gut aus. Weil man ihm anmerkt: Das ist ein Charakter. Der ist nicht oberflächlich. Der hat Persönlichkeit. Hat so was wie Geist. Der labert nicht, der macht keine Sprüche, mit dem kann man sich unterhalten. Und nicht nur in der Werbepause, sondern abendfüllend, wenn man will. Über nahezu alles. Er hat viel gelesen, viel diskutiert, viel nachgedacht. Das bedeutet jedoch keineswegs, dass er nichts übrig hätte für Erotik, Sinnlichkeit, Schönheit. Sonst wäre er ja kaum auf dich verfallen! Nein, er liebt die Lust. Er isst gern, trinkt gute Weine und verlängert die Nächte bis in den Morgen.

MÄNGEL-RÜGE: Dieser Mann studiert das Leben. Warum? Weil er nicht damit zu Rande kommt. Bücher, Kunst, Musik dienen ihm als Rückzugsgebiete. Vor irgendetwas fürchtet er sich. Meist ganz allgemein vor anderen Menschen. Davor, dass die ihn verletzen könnten oder dass sie ihm überlegen wären. Zum Schutz hat er sich einen zynischen Humor zugelegt, unter dem auch du bald leiden könntest. Da er nicht gerade mutig ist, meidet er offene Auseinandersetzungen mit dir – es sei denn, es geht um ein Buch oder einen Film. Und er scheut Entscheidungen. Alles, was praktischen Verstand erfordert, wird er auf dich abschieben. Damit er seine Ruhe hat. Dein Interesse für Mode, Promis, Lifestyle verachtet er. Du willst ausgehen? Nur zu. Er bleibt gern allein zu Hause. Nur wenn er erkrankt, musst du unbedingt zur Stelle sein.

TÜV-PLAKETTEN:

Als Lover:	❤❤
Als Partner:	❤❤
Als guter Freund:	❤❤

Der Romantiker

ERSTER EINDRUCK: Seine Augen haben einen geheimnisvollen Glanz. Träumerisch sind die, auch ein wenig melancholisch und voller Sehnsucht. Eine unsichtbare Magie geht von ihm aus. Kaum eine Frau kann sich der entziehen. Und das ist kein Zufall. Denn er ist einer der wenigen Männer, die wirklich an die Liebe glauben. An die ganz große Liebe. An die verzehrende Leidenschaft. Er wird dir Gedichte schreiben, Lieder und vor allem – Liebesbriefe. Er umwirbt dich wie ein Troubadour die ferne Geliebte. Niemals ist er grob, er verletzt dich nicht. Hand in Hand kannst du mit ihm durch die Parks des Herbstes spazieren und am Abend die Sternschnuppen zählen. Du kannst dich mit ihm im Mondschein lieben, voller Zärtlichkeit, geflüsterter Worte und sanfter Streicheleien.

MÄNGEL-RÜGE: Es ist wahr, dieser Typ ist einfühlsam. Er achtet auf dich. Insbesondere, wenn er um dich wirbt. Unter uns gesagt: Nur dann. Denn er ist ein Schwärmer. Er hat ein Ideal im Kopf. Ein Ideal von der Liebe, dem keine Wirklichkeit jemals standhalten kann. Diesem Ideal jagt er nach. Und dieses Ideal soll niemand beschmutzen. Auch du nicht. Spätestens wenn der Alltag in eure Beziehung kommt, wird er es dir übel nehmen, dass nicht mehr alles stimmt, dass es Reibereien gibt, dass da Probleme zu lösen sind. Er will keine Probleme lösen. Er will eine Liebe, in der es niemals Probleme gibt. Und nach der ist er auf der Suche, ein Leben lang. Und natürlich wandert er auf dieser Suche von Frau zu Frau. Aber, mal ehrlich, selbst wenn er bliebe: Willst du immer Weißbrot essen?

TÜV-PLAKETTEN:

Als Lover:	❤❤❤
Als Partner:	❤
Als guter Freund:	❤❤❤

5.
Der Mann als Denker

Seine 33 häufigsten Lügen

1. Ich rufe dich an.
2. Du hast unheimlich schöne Augen.
3. Du bist etwas ganz Besonderes.
4. So verliebt war ich noch nie.
5. Ich dich auch.
6. Du bist die einzige.
7. Nein, ich bin nicht verheiratet.
8. Ich mag Kinder.
9. So gut habe ich mich lange nicht mehr unterhalten.
10. Oh, ich habe mein Geld zu Hause vergessen.
11. Der Scheck ist bereits unterwegs.
12. Mit meiner Frau habe ich seit Jahren nicht geschlafen.
13. Ich werde meine Frau verlassen.
14. Treue ist das Wichtigste.
15. Charakter ist wichtiger als Schönheit.
16. Zwischen uns gibt es doch keine Probleme.
17. Ehrlich, das ist mir noch nie passiert!
18. Schmeckt wirklich gut!
19. Normalerweise trinke ich nicht so viel.
20. Deine Eltern sind sehr sympathisch.
21. Den Mixer repariere ich dir, keine Sorge.
22. Ich muss heute noch etwas länger arbeiten.
23. Ich war in einem ganz langweiligen Film.
24. Ich brauche Zeit, um mir über meine Gefühle klar zu werden.
25. Eine zu feste Bindung zerstört die Liebe.
26. Ich werde immer an dich denken.

27. Schade, dass du so weit weg wohnst.
28. Du bist einfach zu gut für mich.
29. Ich muss erst zu mir selbst finden.
30. Ich geh nur mal schnell Zigaretten holen.
31. Es war sehr schön. Ich wünsche dir alles Gute.
32. Du hast etwas Besseres verdient als mich.
33. Ich möchte nur, dass es dir gut geht.

21 Gelegenheiten,
bei denen er an Sex denkt

Bei der Friseurin
Wenn er zurückgelehnt im Frisierstuhl sitzt, mit geschlossenen Augen, und das warme Wasser rinnt über den Kopf, und wenn er dann ihre Finger spürt, wie sie das Shampoo einmassiert, sanft, aber mit leichtem Druck, hingebungsvoll und zugleich willensstark, dann, ja, zum Beispiel dann.

Beim Anblick von Orchideenblüten
Es muss nicht im Gewächshaus sein, obwohl die schwüle, duftende Luft ihn sehnsüchtig macht. Aber es reicht schon, wenn er Orchideen in einem Blumengeschäft sieht: diese fleischigen, glänzenden Blütenblätter, die sich öffnen, schamhaft zwar, aber sie öffnen sich.

Beim Aussuchen von Seidenkrawatten
Die Atmosphäre bei einem noblen Herrenausstatter hat etwas von einem eleganten Bordell. Jedenfalls stellt er es sich so vor: Stille, doch die Stoffe knistern, und er befühlt, was er kaufen will. Seine Hand gleitet über Seide, die ist glatt, sie schimmert, er betastet sie, reibt sie sachte, nimmt sie zwischen zwei Finger ... Dann räuspert sich die Bedienung.

Wenn eine Frau an einem Glas nippt
Sie will ihn provozieren, denkt er, so zeitlupenhaft trinkt sie aus ihrem Glas, in ganz kleinen Schlucken, sie nimmt fast gar nichts, sie nippt nur, das Glas wird nicht leerer. So ist sie also, denkt er: Sie lässt ihn nicht kommen, sie hält ihn hin, beinahe

ist er schon am Ziel, aber noch nicht, sie lockt, aber er darf nicht, sie will seine Gier immer noch steigern … Okay, und dann zahlt er ihr den Drink.

Auf dem Motorrad

Er sitzt mit breiten Beinen im Sattel und reitet seine Maschine, und die zittert unter ihm, die vibriert, die heult auf vor Lust, die zischt ab, die will es ihm zeigen, und er zeigt es ihr. Das Ganze auch noch in Leder! Und später in Gips, das hat auch was.

Wenn der Champagner aus der Flasche überfließt

Wenn der Korken rausschießt, und dann fließt der Schaum über, weil die Flasche ihn nicht mehr halten kann, weil der Druck so stark ist, der Schaum quillt dick raus und fließt über den Rand, und es kommt immer mehr – fehlt nur noch, dass die Flasche zuckt.

Beim Befühlen eines prallen Luftballons

Wenn er den Ballon aufpustet, also den Nippel in den Mund nimmt und dann bläst, und wenn er schließlich den prallen Ballon in den Händen hält und mit den Fingern darüberstreicht und ihn ein bisschen drückt und ein bisschen quetscht, dann wundern sich die Kinder, aber er findet es schön. Füllt er den Ballon noch mit Wasser, hat er nahezu das hundertprozentige Silikongefühl.

Während der Lektüre trockener Fachliteratur

Für sein Studium muss er trockenes Zeug lesen. Meterlange Sätze im Fachjargon, gespickt mit Anmerkungen, Namen und Daten. Wenn er das lange genug tut, sagen wir, eine Stunde, dann dreht sein Hormonhaushalt auf. Offenbar als Gegengift oder als Folge geistiger Überreizung, jedenfalls will sein Körper auf einmal etwas total anderes.

Wow! macht er. Scht! machen die anderen Studenten in der Bibliothek.

Am Imbissstand, wenn Ketchup ausgepresst wird
Egal, wer die Plastikflasche drückt, entscheidend ist der Moment, wenn der Ketchup rauskommt, dick und fruchtbar. Manchmal kommt er langsam und üppig. Manchmal spritzt er plötzlich raus, und die Flasche macht so ein Geräusch, als ob sie erleichtert aufatmet. Komisch, dass die anderen Leute am Imbiss so verdrießlich kauen.

Wenn der Ferrari-Motor aufbrüllt
Enzo Ferrari soll sich am Brunftröhren von Hirschen orientiert haben. Und irgendwie hat er es geschafft. Alle Hirschkühe tanzen auf den Hinterbeinen bei diesem Röhren. Und er, der Hirsch, will sie tanzen sehen. Er muss den Ferrari gar nicht selbst fahren, es genügt, wenn einer vorbeibrüllt. Dieser PS-Stoß packt ihn total.

Auf der Sonnenbank
Manche sagen, es ist das UV-Licht; es dreht die hormonellen Drüsen auf Turbo. Andere behaupten, es sei die Wärme, die verflüssigt die Säfte. Jedenfalls liegt er auf der Sonnenbank, erhitzt und erleuchtet, nackt und unbeobachtet, er kann sich räkeln, er muss nichts tun, er kann sich alles vorstellen. Und er wird richtig rot dabei. Sonnenbrand.

Beim Barfußgehen über feuchtes Gras
Er hat das mal in einem Sommerurlaub entdeckt, als er vor dem Mietbungalow morgens über den Rasen ging, barfuß. Der Fuß sinkt ein bisschen ein, der Boden ist weich, irgendwie fleischig, und dann das feuchte Gras, fast willig, wie feuchtes Haar. Genau das muss Pfarrer Kneipp empfunden haben, als er das Tautreten empfahl.

Wenn ein Lippenstift ausgefahren wird
Er weiß nicht, was Frauen sich denken, wenn sie ihren Lippenstift ausfahren. Für ihn ist das völlig klar, wie die Spitze sich da rotglänzend rausschiebt. Wenn eine Frau das in seiner Gegenwart tut, weiß er nicht genau: Meint sie vielleicht ihn? Na? Nee, wahrscheinlich wieder mal nicht.

In einem eleganten fremden Badezimmer
Das kann bei irgendeinem Empfang sein, bei einer Gesellschaft oder in einem Hotel. Er gerät ins Badezimmer. Steht auf einmal zwischen den blitzenden Kacheln, den glitzernden Armaturen, dem geschliffenen Glas und denkt, jetzt, hier, sofort, am Waschbecken oder auf dem Rand der Wanne, mit all den Spiegeln, die das Bild lüstern vervielfachen, ja! Leider klopfen von draußen die Leute, die auch mal aufs Klo wollen.

Beim Anblick einer Stewardess
Natürlich nicht bei einer dieser bewährten älteren Kräfte. Sondern bei einer dieser nicht ganz so erfahrenen jungen. Die sind so adrett gekleidet und betragen sich so höflich und sittsam. Die Wahrheit darunter muss völlig anders sein, wild und zügellos. Hinter dieser diskreten Erscheinung verbirgt sich ungebremste, hemmungslose Leidenschaft. Denkt er sich so. Überprüfen kann er es ja nie.

An der Theke beim Schlachter
Er weiß nicht genau, ob es die riesigen Schinken sind, die vom Haken hängen, oder die nackten Puter oder die Haxen oder die dunkelroten Filets, vielleicht liegt es auch an diesem appetitlichen Duft – jedenfalls kommt ihm da immer was anderes in den Sinn. Und er weiß, warum man von Fleischeslust spricht. Es darf ein bisschen mehr sein.

In langweiligen Seminaren oder Konferenzen

Es passiert in Seminaren, wenn vorne einer redet und sich wichtig vorkommt. Da driftet er langsam weg. Gerät in einen Zwischenzustand, wo die Gedanken frei fließen, und dann tauchen Fantasien auf. Er hat vielleicht die Hand in der Hosentasche, sie wärmt den Oberschenkel. Und, hallo!, das hat doch mit dem Seminarthema überhaupt nichts zu tun!

Beim Fahren über Kopfsteinpflaster

Es soll Frauen geben, die kaufen sich Vibratoren. Einem Mann reicht die Fahrt über Kopfsteinpflaster. Jedenfalls, wenn er sowieso guter Stimmung ist. Dann genügen ihm fünfhundert Meter erstklassige Vibrationen auf einer rumpeligen Straßendecke, und er lässt sich freiwillig blitzen.

Beim spielerischen Drücken eines Kugelscheibers

Es passiert ihm häufig, wenn er am Schreibtisch sitzt und über ein paar Zeilen grübelt, dass er mit dem Kugelschreiber spielt. Zuerst drückt er ihn gedankenverloren. Und auf einmal starrt er ihn an: Wie da die Spitze der Mine ausfährt und wieder verschwindet und wieder rauskommt und wieder reingeht – wie verschärfend Schreibtischarbeit sein kann!

Am Bankschalter beim Klang von Stiletto-Absätzen

Seriöse Leute, gefrorene Mienen, gedämpfte Gespräche. Er steht am Schalter und will Geld abheben. Da erklingen hinter ihm Stiletto-Absätze, klack, klack, klack auf dem Marmorboden und, oh, kommen näher und, wow, sind hinter ihm! Er soll eigentlich sagen, was für Scheine er will, aber er bringt kein Wort heraus, so total unnüchtern ist er auf einmal!

Wenn Frauen Eis lutschen

In manchen arabischen Ländern dürfen Frauen in der Öffentlichkeit kein Eis essen. Kann er verstehen! Das ist dermaßen aufreizend, wenn eine Frau an so einer Stange leckt und lutscht und schleckt – sie weiß gar nicht, was sie tut! Er kann jedenfalls den Blick kaum abwenden, und es geht ihm nur eins und immer dasselbe im Kopf rum: Er möchte auch Eis.

Und 31 weitere Gelegenheiten:
Im Flugzeug, wenn es durchsackt
Beim Überstreifen von Gummihandschuhen
Vor der Düse im Whirlpool
Beim Installieren des Joysticks
Im frisch gemachten Hotelzimmer
Auf langen Zugfahrten, allein im Abteil
Beim Biss in eine Rumkugel
In der Kirche im Weihrauchnebel
Beim Anblick von Heuhaufen
Auf dem Sofa unterm Kopfhörer
Beim Schlangestehen in der Post
Vor einer Schule, aus der ein Mädchenchor singt
In der Badewanne im Schaumbad
Beim Anblick eines Hengstes auf der Weide
In einer Kunstausstellung im Museum
Bei Benutzung eines Labellos auf der Skipiste
In den Dünen im warmen Sand
Bei aufspringenden Samenkapseln
In der Kabine im Schwimmbad
Beim Fahrradfahren im Frühling
Nachmittags im Kinosessel
Beim Anblick großer Ohrringe
Unter einer teuflischen Karnevalsmaske
Beim Cocktail-Mixen
In der Achterbahn
Auf einem Pferderücken
Beim Plätschern eines Brunnens im Sommer
Nach einem Sieg im Tennis
Beim Gießen der Tomatensauce über Spaghetti
Im Restaurant beim Anblick stilvoll speisender Frauen
Nach geistiger Überanstrengung, also eigentlich immer

Zehn Sorten Männer,
die sich auf Kongressen treffen

Auch Frauen fahren zu Kongressen. Doch vier Fünftel der Teilnehmer sind nach wie vor Männer. Immer dieselben Männer – egal, ob es sich um Chirurgen oder Kabbalisten oder Käferforscher handelt. Ob der Kongress mit Vollpension, Golfplatz und Fitnessraum auf Hawaii stattfindet oder mit Pritsche und Lunchpaket in einem Engadiner Seitental. Möglich, dass hier die Aktenmappe aus protzigem Kunstlederimitat besteht und dort aus Recyclingkarton. Dass die Grußworte im Programmheft mal vom Bundeskanzleramt und mal vom Kreistagsabgeordneten verfasst sind. Die Teilnehmer ähneln sich. Hier sind sie, die Typen, fein geordnet für alle, die dringend auch mal an einem Kongress teilnehmen möchten, für uns.

1. Da ist der ebenso missliebige wie unvermeidliche *Konkurrent*. Wir würden niemals mörderische Gedanken hegen, aber wenn wir es täten, dann würden sie ihm gelten. Als sei es ein abgekartetes Spiel, treffen wir ihn im Schnellimbiss wieder, am Gesellschaftsabend (»Wir kleiden uns festlich«) sitzen wir ihm gegenüber. Wahrscheinlich wohnt er im Hotel nur ein Zimmer weiter. Mit ihm tauschen wir heuchlerisch Komplimente aus. Eigentlich ist er kein echter Konkurrent. Eher ein minderbemittelter Kollege. Über das Stadium des geschickten Plagiators ist er nie hinausgekommen. Er kann uns nicht das Wasser reichen. Aber, und das zeigt das absurde Ausmaß seiner Selbstgefälligkeit, genau dasselbe

denkt er auch von uns. In seinem Lächeln erkennen wir die einzige Begabung, die wir ihm lassen müssen: diejenige zum Intriganten. Er ist Kolporteur und streut Gerüchte über demnächst fällige Ausschreibungen oder Unregelmäßigkeiten bei Stellenbesetzungen. Hoffentlich kommt er uns da nicht zuvor.

2. Weit vorn entdecken wir die ergraute *Eminenz.* Auch als Nestor geläufig oder, im Bereich der Geisteswissenschaften, als Grande Dame. Er ist Verfasser zahlreicher Standardwerke. Sein Konterfei ist aus Festschriften zum sechzigsten, siebzigsten und achtzigsten Geburtstag bekannt. Seinem Aussehen nach müsste die Festschrift zum Neunzigsten unmittelbar vor dem Abschluss stehen. Unbegreiflicherweise sind wir nicht zur Mitarbeit aufgefordert worden. Wir beobachten ihn. In den Kaffeepausen ist er von Scharen huldigender Freunde umringt. Wenn er im Plenum winkt, fühlt jeder sich angesprochen. Als Referent sichert er sich alle Sympathien, indem er Anekdoten aus der Frühzeit zum Besten gibt. Mit fortschreitendem Alter gelangt er mehr und mehr zu der Überzeugung, alle wichtigen Erkenntnisse der letzten siebzig Forschungsjahre stammten von ihm. Er lächelt milde, wir lächeln zurück.

3. Vorn auf dem Podium steht gerade der *Aufkocher.* Es handelt sich bei ihm um ein einzelliges Lebewesen. Er ist unter vierzig Jahre alt und schon Professor, was nichts anderes bedeuten kann, als dass er seine Karriere mit einem einzigen Thema bestreitet. Er nennt es nur immer anders. Erst hat er darüber seine Examensarbeit geschrieben, diese hat er anschließend zur Dissertation ausgebaut, das Ganze hat er dann, leicht angeschrägt, zur Habilitationsschrift verarbeitet. Seit einigen Jahren reist er nun mit einem einzigen Manuskript um die ganze Welt. Er trägt seine Erkenntnisse über »die subfossilen

Pflanzengesellschaften in nordwestdeutschen Heidege-
bieten« auf einem Kongress für Vegetationsgeschichte
ebenso vor wie auf der Jahrestagung der British Ecologi-
cal Society und auf der Konferenz französischer Phyto-
therapeuten. Wir müssen zugeben, darin ist er ein Genie.

4. Nach dem Vortrag, zu Beginn der Diskussion, meldet
sich der *Gockel.* Er meldet sich nicht unbedingt als erster
und vielleicht nicht nach jedem Vortrag, aber spätestens
nach jedem zweiten. Manchmal sichert er sich die Aufmerksamkeit einfach dadurch, dass er zu spät erscheint.
Aber Aufmerksamkeit will er. Leider ist es meist genau
die Aufmerksamkeit, die wir verdient hätten. Aber er
kann sich besser spreizen. Er verweist in seinen State-
ments auf neuere Forschungen aus den USA, deren inti-
me Kenntnis er durchblicken lässt. Er äußert so genannte Grundsatzkritik und meldet Zweifel an der Relevanz
der vorgetragenen Thesen an. Wenn er zu Kühnheiten
aufgelegt ist, frappiert er alle mit seinem »Eindruck, hier
bei der falschen Veranstaltung zu sein« und stellt in wenigen Sätzen alles richtig. Wir müssen uns damit trösten,
dass er ein Emporkömmling ist und dass wir so etwas
nicht nötig haben.

5. Etwas sympathischer ist der *Sektierer.* Ihn müssen wir
nicht fürchten. Er hat etwas Ketzerisches, behauptet das
auch stolz von sich, doch er will die Mehrheit. Mit seinen verschrobenen Theorien spaltet er das Publikum in
eine kleine Gruppe begeisterter Anhänger und eine größere Gruppe von Gegnern. Er ist von seiner speziellen
Idee besessen; sie fällt ihm nach jedem Vortrag unvermeidlich wieder ein. Stets aufs Neue trägt er sie mit blitzenden Augen vor. Am Anfang ist er noch als Erster
drangenommen worden. Im Zuge der Veranstaltung wird
die Bereitschaft dazu geringer. Informierte Diskussionsleiter behaupten sogar von Beginn an wahrheitswidrig:

»Sie waren schon dran.« Dieser Mann, eigentlich die Würze im Kongresseintopf, gehört zu einer aussterbenden Spezies. Allenfalls in den neuen Ländern findet er noch manches Refugium.

6. Nicht so harmlos, wie es ausschaut, ist das *Mauerblümchen*. Es steht in den Kaffeepausen bedrückt herum, blüht aber in parallelen Arbeitsgruppen unverhofft auf und setzt zu langatmigen Beiträgen an. Im Plenum fühlt es sich klein. Gleichwohl macht es sich seine eigenen Gedanken. Die äußert es manchmal durch bloße Bewegung der Lippen oder, da es meist männlich ist, durch Mosern in den eigenen Bart. Offenbar hat es begründete Einwände gegen die vorgetragenen Thesen. Vom scharfsichtigen Diskussionsleiter zur Stellungnahme aufgefordert, mag das Mauerblümchen allerdings nichts sagen. Es bezweifelt eben nicht nur die Richtigkeit des Vorgetragenen, sondern mehr noch sich selbst. Auf dem Podium werden wir es nie finden. Aber manchmal an der Wand der Pausenhalle, wo es – auch das ist eine offizielle Präsentationsform – Thesen und Grafiken auf einem Poster zur Schau stellt. In seinem Fall leisten wir uns Großmut. Wir spenden Ermutigung.

7. Der *Engagierte* ist uns ein unlösbares Rätsel. Er ist augenscheinlich voller Wissbegier. Er behauptet, von diesem und jenem Referat einen überraschenden Motivationsschub für seine Arbeit bekommen zu haben. Ein anderer Vortrag hat ihm aus einer Sackgasse geholfen. Wieder ein anderer gar den höheren Sinn seiner Arbeit deutlich gemacht. Statt nachts diskret wissenschaftsfremde Kontakte zu pflegen, sitzt der Engagierte mit ein paar enthusiastischen Gleichsinnten auf der Bettkante in seinem Hotelzimmer, trinkt Wein aus Zahnputzgläsern und diskutiert allen Ernstes die Aufsehen erregenden Thesen des Tages. Wir sind ein wenig neidisch, weil

er wohl mit ideellem Gewinn nach Hause fahren wird. Und wir wundern uns, dass er all die lästigen Unterlagen und Papiere nicht umgehend der Wertmülltonne zuführt, sondern sorgsam ordnet und verpackt, um sie daheim mit Akribie »nachzubereiten«.

8. Eher störend ist dagegen der *Moralist.* Auf Schriftstellerkongressen tritt er in multipler und meist auch sklerotischer Form auf. Bei Ärztekongressen streut er die bekanntesten Formeln von Ehrfurcht und ethischer Verantwortung wie aufgebackene Brötchen ins Plenum. Er unterscheidet zwischen guter und schlechter Wissenschaft, und er weiß sehr genau, welche er vertritt. Meist sieht er sich vor einem weiten Horizont und wähnt sich im Dienste der Menschheit, weil ihm die Dienste der Forschung zu anstrengend sind. In den Naturwissenschaften lässt er den Ruf nach ökologischer Neuorientierung ertönen. In den Geisteswissenschaften ist der Moralist stets eine Frau, meist aus der aussterbenden Gattung der Feministinnen. Vereinsamt, doch umso heroischer, tritt sie furchtlos und wenig beachtet der patriarchalischen Wissenschaft entgegen. Wir lassen sie und den Moralisten ausreden und machen dann weiter.

9. Der *Gigolo* schwänzt die Vorträge. Auf großen Kongressen von Physikern, Chirurgen oder Software-Entwicklern mischt er sich in etwas, was einige Teilnehmer für abgeschafft halten, nämlich ins Damenprogramm. Er setzt sich mit in den Bus der Stadtrundfahrt, nimmt an Firmenbesichtigungen und Ausflügen teil, klettert mit den Damen auf den Kirchturm und unter die Kuppel der Sternwarte und knüpft Beziehungen an. Wo kein Damenprogramm vorgesehen ist, gibt es zumindest ein Rahmenprogramm und auf jeden Fall Damen. Der Gigolo geht davon aus, dass es sich um frustrierte handelt. So flirtet er hemmungslos beim Empfang des Oberbür-

germeisters, beim Barockkonzert und natürlich bei jener Gala im Kuppelsaal der Stadthalle, zu welcher den Veranstaltern wie jedes Mal das Motto eingefallen ist: »Der Kongress tanzt«. Man muss da nicht bleiben; der Gigolo hat Lokalitäten ausgekundschaftet, in die man sich zurückziehen kann. Wir sind zu fein, um ihn zu verurteilen. Wir schütteln den Kopf.

10. Und schließlich ist da der *Absager*. Er ist anwesend, gerade weil er abwesend ist. Überdeutlich nehmen wir die Lücke wahr, die nur einer, die nur er ausfüllen könnte. Er ist der heimliche Star, um dessentwillen wir angereist sind. Der Lockvogel des Kongresses. Er ist der Arturo Benedetti Michelangeli des Wissenschaftsbetriebes. Viel beraunt, früh von einer überweltlichen Aura umgeben, immer wieder angekündigt und immer wieder schmerzlich vermisst. Ihn beneiden wir nun wirklich. Ob wir jemals so eine Lücke hinterlassen werden wie er? Wie schaffen wir das? Indem wir uns rar machen? Das würde am Ende keiner bemerken. Wenn wir uns zum Typus Absager rechnen, dann eher zu jener Variante, die zu Hause mit dem Kongresstourismus hadert. Wahrscheinlich sind wir ja noch nicht einmal eingeladen worden.

20 Kleinigkeiten,
die ihn zu Grunde richten

»Männer sind für die großen Fragen gerüstet, für die epochalen Entwürfe, für die Auseinandersetzungen mit der Welt«, äußerte Che Guevara. »In den kleinen Gefechten mit den Frauen ruinieren sie sich.« Der Mann von heute macht wegen einer falsch ausgequetschten Zahnpastatube keine große Szene mehr. Er ist mehr der Typ, der sein Leid in sich hineinfrisst und dann früh dahinsiecht und eine frohe Erbin hinterlässt. Hier sind zwanzig Kleinigkeiten, die ihn zu Grunde richten.

1. Er kommt nach Hause, entdeckt im Weinkeller, dass die letzten drei Flaschen 87er Mouton Rothschild verschwunden sind, stolpert in banger Furcht ins Wohnzimmer und wird dort von einer heiteren Frauenrunde begrüßt: »Wir haben uns ein bisschen was zum Süffeln geholt, aber doll ist der ja nicht.«

2. In Gesellschaften macht sie auf seine Schwächen aufmerksam: »Du wolltest doch nicht mehr so viel Sahne nehmen!« – »Er kriegt jetzt einen Bauchansatz.« – »Du hast jetzt genug getrunken!« – »Er liest ja nicht.«

3. Sie liest seine Post. Sie geht erst aus dem Zimmer, wenn sie weiß, mit wem er telefoniert.

4. Wenn er zu Hause anrufen will, ist das Telefon ständig besetzt. Wenn er da ist, telefoniert sie so lang und so laut, bis er die letzte geistige Klarheit verliert.

5. Sie rasiert sich mit seinem Rasierapparat die Beine.

6. Heimlich entsorgt sie seine gemütlich ausgebeulte Hose und seinen Lieblingspullover.

7. Sie verschleppt den Spezialschraubenzieher aus seiner Werkzeugkiste, versteckt die Fernsehzeitung an einem verborgenen Ort und verbraucht die Batterien der Fernbedienung.

8. Sie lässt die Küchentür offen stehen, sodass Essensgeruch in sein Gelehrtenstübchen kriecht und seine Gedankengebäude ins Wanken bringt.

9. Sie beschwert sich, dass er so selten zu Hause ist. Sobald er dann mal im Sessel entspannen will, wirft sie den Staubsauger an. Er soll seine Zeitung mit schlechtem Gewissen lesen.

10. Wenn er ein Glas Wasser trinken möchte, sind die Schränke leer. Alles steht in der Spülmaschine. Vor allem die von seiner treuen Mutter ererbten Silbermesser, die auf keinen Fall dem Salzfraß ausgesetzt werden dürfen.

11. In der Keksdose sind keine Kekse, sondern Körner. Sie will ihn zu gesunder Ernährung erziehen.

12. Sie lädt dauernd Gäste ein, obwohl er sehr gut allein zurechtkommt. Es sind ihre Gäste. Aber sie beharrt darauf, dass er gesellig ist.

13. Sie bringt das undurchschaubare, dennoch ausgefeilte Ordnungssystem auf seinem Schreibtisch durcheinander. Sie stellt die CDs falsch auf. Sie steckt eine Sony-Videokassette in eine BASF-Hülle.

14. Die Haare in seiner Bürste sind nicht seine Haare.

15. Für seine freien Tage führt sie eine Liste mit Arbeiten. Er darf sich allenfalls aussuchen, was er zuerst tun will: Rasenmähen, die Waschmaschine in Stand setzen, Fensterläden streichen, die Auffahrt harken, den Föhn reparieren oder die Kaffeemaschine entkalken.

16. Er entdeckt kleine gewachste Tamponpapierreste auf der Wasseroberfläche an einem Ort der Meditation.

17. Sie benutzt sein Handtuch als Badeteppich.

18. Sie verwechselt beim Kartenlesen immer wieder links und rechts, sodass sie sich nicht der französischen Grenze nähern, sondern der tschechischen.
19. Sie nennt ihn nachts Thomas, obwohl er gar nicht so heißt.
20. Sie findet, er soll sich nicht so über Kleinigkeiten aufregen.

Sieben Denker,
die ihre Einfälle Frauen verdanken

1. Guglielmo Marconi

In einer romantischen Nacht des Jahres 1898 hatte der Italiener nichts Besseres zu tun, als seiner Geliebten zu erläutern, dass es elektromagnetische Wellen gebe. Das hatte Heinrich Hertz 1888 nachgewiesen. »Giovanna reagierte nicht abwehrend, sondern fasziniert«, erinnerte sich Marconi später. »Wenn man ein Boot über Wasserwellen schicken kann, sagte sie, kann man dann nicht vielleicht Nachrichten über die elektromagnetischen Wellen schicken, Botschaften zu anderen Menschen?« Der überraschte Marconi begann zu grübeln. Ein halbes Jahr später begründete er die drahtlose Telegrafie, auf der später Rundfunk und Fernsehen aufbauten.

2. Justus Liebig

Als Student der Chemie beklagte Liebig 1825, dass »alle Wissenschaft des Mannes ohne praktischen Nutzen« sei. Als Gehilfe seiner Frau in Garten und Küche machte er andere Erfahrungen. »Ihre Art, das Fleisch einzukochen und daraus die Quintessenz zu gewinnen, hat mir geholfen«, gestand er später freimütig, als er mit *Liebig's Fleischextrakt* seine ersten hunderttausend Taler eingenommen hatte. Ebenfalls geholfen hatte ihm die zunächst von ihm verspottete Gewohnheit seiner Frau, Kreide und Zahnpulver auf die Gemüsebeete zu streuen. Das erstaunliche Gedeihen der Pflanzen zwang Liebig zum Umdenken. Er zog die Entdeckung seiner Frau industriell auf – und gilt seither als Erfinder des Mineraldüngers.

3. Albert Einstein

Nachdem der Physiker 1903 Mileva Maric geheiratet hatte, begann seine produktive Phase. Innerhalb von zehn Jahren veröffentlichte er seine Theorien zur Brownschen Bewegung, zur Elektrodynamik bewegter Körper, die Hypothese der Lichtquanten und schließlich die allgemeine Relativitätstheorie. Erst Ermittlungen in den letzten Jahren haben ergeben, dass Einsteins Hauptbeitrag zu diesen Forschungen nicht in der Entwicklung, sondern lediglich in der Veröffentlichung dieser Theorien lag. Die eigentliche Wissenschaftlerin war seine Frau; nur blieb sie ohne Ruhm. »Die Frau wirkt im Stillen«, erläuterte er Besuchern, »der Mann geht hinaus ins Leben.« Nach der Trennung von seiner Frau im Jahre 1919 versuchte Einstein sich allein an einer einheitlichen Theorie der Materie, die jedoch – wie alle weiteren Forschungen bis zu seinem Tode – ohne Erfolg blieb.

4. William Wordsworth

Der Star der englischen Romantik gab im Alter zu, dass er »ohne das Tagebuch meiner Schwester kaum einen Einfall gehabt hätte«. Es sei auch gar nicht die Aufgabe eines Mannes, Ideen zu haben. »Edler ist es, die Ideen anderer zu großen Werken zu formen.« Wir wissen nicht, ob Dorothy Wordsworth diese Tätigkeit ihres Bruders ebenso edel fand. Vermutlich wusste sie nichts davon. Literaturwissenschaftler haben mittlerweile nachgewiesen, dass die Werke des Dichters nahezu ausnahmslos auf der heimlichen Lektüre ihrer Tagebücher basieren.

5. Alfred Wegener

Der deutsche Geophysiker lauschte an einem Abend im Jahre 1911, als seine Frau den Kindern ein Märchen erzählte. »Und früher«, schloss sie, »sind alle Länder ein Land gewesen und alle Meere ein Meer.« Wegener sprach sie darauf an.

Ja, bestätigte sie, sie glaube fest daran, dass Amerika und Europa einst ungetrennt gewesen seien, ebenso wie Südamerika und Afrika und alle Inseln. Ihre religiöse Begründung, alles stamme aus einer Einheit, lehnte Wegener ab. Doch die Idee leuchtete ihm ein. Er entwickelte noch im selben Jahr die Theorie der Kontinentalverschiebung, die als bedeutendste Leistung der Geophysik in diesem Jahrhundert gilt.

6. Wilbur und Orville Wright

Bereits als die Brüder klein waren, wurden sie von der Mutter im Bau von Papierdrachen, Schwalben und Flugseglern unterrichtet. »Es war der größte Traum unserer Mutter, fliegen zu können«, erzählte Orville später. »Sie konstruierte sogar selbst kleine Modelle, die mit einem Elektromotor Hunderte von Metern weit flogen. Wir haben diese Modelle später nur in größerem Maßstab nachgebaut. Das Flugzeug hat eigentlich sie erfunden.«

7. Bertolt Brecht

Dass Brecht als genialer Plagiator die Werke anderer Dichter benutzte, ist seit langem bekannt. Dass nicht er, sondern seine Frauen diese Vorlagen bearbeiteten und mit Verfremdungseffekten versahen, kommt erst nach und nach heraus. Berüchtigt ist zwar Brechts Äußerung, man müsse Frauen für die eigene Produktivität benutzen und nach ausgiebigem Gebrauch gegen andere austauschen. »Doch in welchem Maße er sich ihre Arbeit aneignete und als eigene Schöpfung ausgab, muss den Nachgeborenen den Atem verschlagen«, berichtet der Leipziger Literaturwissenschaftler Klaus Clausen. Eine künftige Gesamtausgabe Brechtscher Werke könne nicht mehr in zwanzig, sondern allenfalls in einem Band bestehen. »Alle anderen Bände müssten die Namen von Frauen tragen.«

... und drei Denker,
die ihre Irrtümer Frauen anlasteten

Dionysos Lardner
Der Londoner Professor für Naturphilosophie und Astronomie wies 1835 nach, dass Eisenbahnen niemals Menschen transportieren könnten, weil sie auf Grund physikalischer Gesetze bei hoher Geschwindigkeit nach kurzer Zeit ersticken würden. Als drei Jahre später die erste Bahnlinie in England ihren Betrieb aufnahm und zufriedene Fahrgäste hatte, behauptete Lardner, seine Frau habe ihn »mit ihren ewigen Ängsten« zu der Ansicht verleitet.

William Pickering
Der berühmte amerikanische Astronom erbrachte 1924 den Beweis, dass die dunklen Flecken auf dem Mond auf riesige Insektenschwärme zurückzuführen seien. Als die viel diskutierte These zehn Jahre später eindeutig widerlegt wurde, erklärte Pickering, er habe seiner Frau »wegen ihrer Mücken-Hysterie einen Streich spielen« wollen.

Georges Cuvier
Der angesehene Zoologe konnte in Paris 1810 zweifelsfrei belegen, dass Giraffen deshalb lange Hälse haben, weil sie sich so oft recken, und dass die Rüssel von Elefanten desto länger werden, je weniger sie zu essen finden. Als Cuviers Thesen zwanzig Jahre später ebenso zweifelsfrei widerlegt worden waren, behauptete der Wissenschaftler, er habe unzulässigerweise »aus der Beobachtung meiner Frau beim Essen auf höher entwickelte Tiere geschlossen«.

Was Männer entscheiden

»Männer denken häufig, dass sie selbst entscheiden«, sagte der frühere US-Präsident Ronald Reagan. »In Wahrheit werden sie von ihrer Frau gelenkt.« Reisebüros wissen: Bei einem Paar wird der Mann das Wort führen. Doch die Frau muss umworben werden, denn sie entscheidet über das Ziel; freilich auf leise Weise. Immobilienmakler kennen das ebenfalls: Männer finanzieren die Eigentumswohnung, aber den Ausschlag, welche gekauft wird, gibt die Frau. Der Mann glaubt indes, er halte die Zügel in der Hand. Frauen schließlich wissen: Männer heiraten nicht, sie werden geheiratet. Was also entscheiden Männer noch selbst?

1. Aufenthaltsdauer im Internet
2. Finanzierung des Eigenheims
3. Höhe des Haushaltsgeldes
4. Länge des Dia-Abends
5. Pinkelpause auf der Urlaubsfahrt
6. Spazierweg
7. Was die Ehefrau in der Öffentlichkeit nicht anziehen darf
8. Korkengeschmack beim Wein
9. Zeitpunkt der Autowäsche
10. Elfmeter bei der Live-Übertragung

22 Dinge,
die Männer an Frauen nie verstehen

**1. Warum sie in einer Kneipe
immer zu zweit auf Toilette gehen.**
Er denkt: Sie trauen sich nicht, allein an all den Männern vorbeizugehen. *Fakt ist:* Genau über diese Männer und über ihn wollen sie sich in aller Ruhe austauschen.

**2. Wenn sie sich zum zehnten Mal »Titanic« ansieht
und immer an der gleichen Stelle heult.**
Er denkt: Sie hat da irgendein Problem noch nicht ganz überwunden. *Fakt ist:* Es ist so wunderschön, bei diesen traurigen Bildern und diesen tragischen Worten zu heulen und nichts als zu heulen.

**3. Warum sie auf Verpackungen den Inhalt und die
Kalorienangaben studiert, als seien das heilige Schriften.**
Er denkt: Ich muss ihr die Zusammensetzung mal gründlich erklären. *Fakt ist:* Es steigert den sinnlichen Genuss, wenn man auch schriftlich bestätigt bekommt, dass man was ganz und gar Großartiges und Kalorienarmes isst.

**4. Wenn sie stundenlang mit ihrer Freundin am Telefon
quatscht, obwohl sie sich in einer halben Stunde treffen.**
Er denkt: Das kann sie ihr doch gleich alles persönlich sagen.
Fakt ist: Wenn es etwas Spannendes, Amüsantes oder Skandalöses gibt, kann man es nicht oft genug erzählen.

5. Warum sie einen Regenmantel kauft,
der nicht feucht werden darf, einen Wintermantel,
der nicht wärmt, und Schuhe, die nicht bequem sind.
Er denkt: Für die Mode opfert sie ihr Wohlbefinden. *Fakt ist:*
Kein anderer als er ist dazu da, sie bei Regen trocken zu halten, sie bei Kälte zu wärmen und ihre wunden Füße zu küssen!

6. Dass der Kleiderschrank überquillt
und sie trotzdem jammert, sie hätte nichts zum
Anziehen
Er denkt: Es ist doch genug da, und mit ein bisschen Fantasie kann sie sogar neue Kombinationen aus den alten Klamotten kreieren. *Fakt ist:* Es ist dringend Zeit, dass er mal wieder mit ihr shoppen geht.

7. Warum sie an manchen Tagen ohne Grund
darauf besteht, ihre Haare würden nicht sitzen.
Er denkt: Sie achtet zu sehr auf sich und sieht zu viel in den Spiegel. *Fakt ist:* Er soll mal wieder auf sie achten und sie ansehen und ihr sagen, wie schön sie ist!

8. Warum sie sich gleich tierisch fett fühlt,
nur weil sie zwei Pfund zugenommen hat.
Er denkt: Sie übertreibt. *Fakt ist:* Die Waage übertreibt.

9. Wie sie es schafft, von einem Becher
Magermilch-Joghurt zu leben.
Er denkt: Sie foltert sich, um eine gute Figur zu haben, sie foltert sich für die Männer, für mich. *Fakt ist:* Die guten Sachen genießt sie zwischendurch.

**10. Warum sie sich darüber aufregt, dass Männer
auf dem Klo mal ein bisschen danebenpinkeln.**
Er denkt: Sie ärgert sich nur, dass sie sich selber hinsetzen
muss. *Fakt ist:* Er muss sich wahrscheinlich auch bald hinsetzen, wenn er mit seinem kleinen Penis nicht zielen kann.

**11. Wenn sie ihm den Laufpass gibt mit der Erklärung:
Du bist einfach viel zu lieb für mich!**
Er denkt: Ich hätte mir nicht so viel gefallen lassen dürfen
und hätte sie öfter anschreien müssen, dann wäre sie mir
jetzt hörig. *Fakt ist:* Erotische Ausstrahlung lässt sich nicht
lernen. Sorry, aber da ist einer, der ist richtig bad und sexy.

**12. Warum sie Gesicht und Körper
nicht mit derselben Seife waschen kann.**
Er denkt: Sie ist auf die Werbung der Kosmetik-Industrie
reingefallen. *Fakt ist:* Seine großporige, selbstfettende Männerhaut kann er mit einem Bimsstein abrubbeln. Aber Prinzessinnen waren schon immer etwas feiner.

**13. Wenn sie beim Friseur 100 Mark ausgibt,
nur um sich die Spitzen schneiden zu lassen.**
Er denkt: Das hätte ich ganz gut für die Hälfte machen können. *Fakt ist:* Er weiß ja noch nicht einmal, dass Haare Spitzen haben. Er weiß nur, dass sie bei Männern ausfallen.

**14. Dass sie einen Salat mit magerem Dressing bestellt
und dann die Pommes frites von seinem Teller nascht.**
Er denkt: Sie verfällt dem Diät-Wahn und hält dann doch
nicht durch. *Fakt ist:* Sie muss ihn davor bewahren, allzu viele ungesunde Pommes frites zu essen. Sie opfert sich für ihn.

**15. Dass sie küssen und schmusen will
und dabei nicht an Sex denkt.**

Er denkt: Sie braucht ja leider dieses wahnsinnig lange Vorspiel. *Fakt ist:* Sie braucht Zärtlichkeit, Zärtlichkeit, Zärtlichkeit. Als Vorspiel, als Nachspiel und vor allem als Hauptsache.

**16. Dass sie immer wieder spätabends
ausführliche Diskussionen über die Beziehung führen
will.**

Er denkt: Das haben wir doch alles schon so oft durchgesprochen. *Fakt ist:* Er hat immer noch nichts geändert.

**17. Dass sie stundenlang auf Shopping Tour geht
und dann doch nichts kauft.**

Er denkt: Bei mir wäre das in zehn Minuten erledigt; sie kann sich nicht entscheiden. *Fakt ist:* Sie will sich nicht entscheiden. Es macht doch so viel Spaß zu sehen, zu fühlen, zu vergleichen, zu probieren. Schade, dass er aus diesem Genuss immer einen Quickie machen will!

**18. Warum sie alles über seine früheren Freundinnen
wissen will, sie aber auf keinen Fall kennen lernen
möchte.**

Er denkt: Sie ist eifersüchtig, und sie hat Angst. *Fakt ist:* Es ist interessant zu hören, wie er über frühere Frauen redet. Es ist wichtig zu wissen, weshalb die Beziehung endete. Und es bringt überhaupt nichts, eine Ex zu treffen, weil er dann nur gockelhaft aufdreht.

**19. Warum sie immer noch einmal hören will,
dass er sie liebt.**

Er denkt: Das muss sie doch merken, oder das kann sie sich doch denken. *Fakt ist:* Es sind nun mal die schönsten Worte auf der Welt.

20. Dass sie ihr Horoskop nur glaubt, wenn es positiv ist.

Er denkt: So ganz logisch und konsequent ist das ja nicht.
Fakt ist: Ihr Horoskop ist immer positiv. Weil für positive Leute eben alles positiv ist!

21. Warum sie manchmal urplötzlich die Fassung verliert und schreit oder in Tränen ausbricht.

Er denkt: Typisch Frau. Weiß nicht mehr weiter. Hat sich nicht im Griff. Ist rettungslos ihren Gefühlen ausgeliefert.
Fakt ist: Er weiß nicht mehr weiter. Er ist der Ausgelieferte. Gerade wenn sie explodiert, hat sie sich im Griff – und ihn dazu.

22. Dass sie lange vor dem Spiegel steht und sich zurechtmacht, obwohl sie nur Brötchen vom Bäcker holen will.

Er denkt: Sie ist eitel. *Fakt ist:* Der Bäckerjunge hat was.

33 oberschlaue Fragen
von Männern

1. Haben wir uns nicht schon mal irgendwo gesehen?
2. Sind Sie öfters hier?
3. Können Sie mir sagen, wie spät es ist?
4. Wo haben Sie denn diese schönen Augen her?
5. Na, sind Sie traurig?
6. Ist Ihre Schwester auch so hübsch?
7. Hast du zufällig Nähzeug da?
8. Warum sollen wir denn heiraten, es geht doch auch so?
9. Sehe ich eigentlich gut aus?
10. Ist es so richtig oder bin ich zu tief?
11. Bist du gekommen, ich meine, hattest du einen Orgasmus?
12. Wie war ich?
13. Und wie war Robert so?
14. Und was machen wir jetzt mit dem Kondom?
15. Bist du denn noch nicht müde?
16. Musst du um diese Zeit mit Beziehungsproblemen anfangen?
17. Kommt jetzt wieder ein Vortrag?
18. Du kommst dir wohl sehr emanzipiert vor?
19. Kannst du auch ohne Hysterie darüber reden?
20. Hast du gerade deine Tage oder was?
21. Musst du so schreien?
22. Weißt du eigentlich, dass du deiner Mutter immer ähnlicher wirst?
23. Wo hast du eigentlich kochen gelernt?
24. Kann es sein, dass du in letzter Zeit zugenommen hast?

25. Bist du irgendwann mal fertig?
26. Was hast du eben gesagt?
27. Soll ich dir das mal erklären?
28. Weißt du etwa immer noch nicht, was Abseits ist?
29. Na, was hast du wieder falsch gemacht?
30. Kannst du keinen Stadtplan lesen?
31. Hast du den eben nicht gesehen? Der kam von rechts!
32. Wann war noch mal dein Geburtstag?
33. Kannst du nicht mal wieder Sabine einladen?

33 oberschlaue Fragen
an Männer

1. Hast du ein Cabrio?
2. Magst du Kinder?
3. Sag' bloß, das macht dir was aus?
4. Wollen wir nicht doch langsam jemanden nach dem Weg fragen?
5. Du hängst wohl sehr an deiner Mutter?
6. Wer war denn das am Telefon eben?
7. Hast du nur Bier im Kühlschrank?
8. Warum bist du denn so nervös?
9. Kommst du wieder nicht zurecht mit deinem Computer?
10. Kann es sein, dass dein Haar irgendwie dünner wird?
11. Wieso kriegen Männer eigentlich immer Bäuche?
12. Was hast du heute erlebt?
13. Hast du mich vermisst?
14. Wo warst du eigentlich gestern Abend?
15. Woran denkst du gerade?
16. Warum fällt Männern das eigentlich so schwer?
17. Glaubst du eigentlich, was du da sagst?
18. Wie viele hattest du eigentlich vor mir?
19. Und warum ist es mit den früheren Freundinnen schief gegangen?
20. Machst du mir ein Kind?
21. Konntest du früher eigentlich öfter?
22. Was sind eigentlich die Ursachen von Impotenz?
23. Macht es dir was aus, dass du nicht gerade den größten hast?

24. Bist du etwa eifersüchtig?
25. Hattest du diese Probleme schon immer?
26. Warum kommst du so spät?
27. Hörst du mir überhaupt zu?
28. Und was habe ich gerade gesagt?
29. Schläfst du schon?
30. Hast du von mir geträumt?
31. Kannst du den Müll mitnehmen?
32. Was soll ich heute Abend anziehen?
33. Ist das dein Lippenstift?

6.
Der Mann
als Liebhaber

Zehn verführerische Sprüche

»Männer sind gar nicht fantasievoll oder erfinderisch«, behauptete Marlene Dietrich. »Sie wollen einfach nur Erfolg haben.« Die Schauspielerin hatte Recht. Auch ruhmreiche Männer sind nur mäßig kreativ, wenn es darum geht, eine Frau ins Bett zu kriegen. Hier sind zehn berühmte Sprüche, die nachweislich zum Erfolg führten.

1. Wenn wir miteinander schlafen, können wir den sexuellen Druck aus unserer Freundschaft heraushalten. – John F. Kennedy zu Marilyn Monroe
2. Ich werde auch danach nicht schlecht von Ihnen denken. – Alfred Hitchcock zu Tippi Hedren
3. Einige Leute behaupten, Sie seien lesbisch. Ich kann das nicht glauben. – Sean Penn zu Madonna
4. Sie haben ein wunderschönes Kleid an. Ich werde Ihnen ganz vorsichtig heraushelfen. – Charlie Chaplin zu Lita Grey
5. Wir sind schon so lange Freunde! Wir wissen beinahe alles übereinander. Nur dieses eine nicht. Und was für einen Unterschied würde es machen, außer dass es unsere Freundschaft wunderbar vertieft? – Rainer Maria Rilke zu Lou Andreas-Salome
6. Wenn Sie es nicht mit mir machen, sage ich allen, dass Sie es mit mir gemacht haben. – Roberto Rosselini zu Ingrid Bergman
7. Ihre Beine gefallen mir. Über meinen Schultern würden sie mir noch besser gefallen. – Deng Xiaoping zu Luise Rinser

8. Ich möchte dich einfach die ganze Nacht umarmen. – Lewis Carrol zur dreizehnjährigen Alice Liddell

9. Ich will Ihnen damit nur beweisen, wie sehr ich Sie liebe. – Eugen Drewermann zu Christa Meves

10. Ich könnte Ihnen erzählen, dass ich Sie wegen Ihrer Intelligenz mag, wegen Ihres geistreichen Witzes, wegen Ihrer Persönlichkeit. Aber ich bin ganz ehrlich: Ich will nur mit Ihnen ins Bett gehen. – Federico Fellini zu Anita Ekberg

Sieben zeitgemäße Mittel, den Penis aufzurichten

Der Penis gilt als unzuverlässigster männlicher Körperteil. Er gehorcht nicht dem Willen. Um dennoch seine Zuverlässigkeit zu erhöhen, sind seit der frühen Kreidezeit kunstreiche Hilfsmittel erdacht worden. Zu den einschlägigen Mumienfunden gehören Tierknochen, Goldstäbchen und Steinkeile. Leonardo da Vinci entwarf komplizierte Stützkonstruktionen aus Holz und Wachs. Nikolaus Kopernikus überraschte Krakauer Universitätskollegen durch eine raffinierte Anfertigung aus Draht, Rohrteilen und elastischem Harz. Rudolf Diesel entwarf ein Korsett aus Gummibändern unter Einbeziehung eines Kugellagers. Potenzpillen haben sich als schädlich und tödlich erwiesen. Wir haben hier nur Platz für kerngesunde und zeitgemäße Methoden.

1. Der Pressluft-Erektor

Kein Geringerer als der frühere britische Schatzmeister Lord Cavendish war Anhänger dieser Methode, und zwar bis ins hohe Alter. »Ich stülpe einen weichen Schlauch über den Penis mit einem ringförmigen Gummiwulst an der Wurzel«, erzählte er als Neunzigjähriger 1994 freimütig der *Nottingham Post*. »Dann presse ich mit einer Spritze Luft in den Wulst. Dadurch drückt der Ring auf die Venen, sodass das Blut nicht abfließen kann. Der Penis wird steif und bleibt es, bis die Luft abgelassen wird.« Anwender weltweit: etwa 300 000. Lord Cavendish erlag im vergangenen Herbst einer akuten Thrombose.

2. Das Chili-Kondom

Als Erfinder gilt im Westen der frühere amerikanische Rockstar Jim Cross (»Hit the bangle«). Um eine wachsende Schar weiblicher Fans zufrieden zu stellen, mischte Cross Chili-Pfeffer in eine Creme und bestrich damit seine Kondome, »aber nur von innen«. Über die Wirkung berichtet Rock-Biografin Kathy Miles in *A Groupie's Memorys:* »Cross war für jede von uns das Erlebnis schlechthin, bis im Winter '79 das berüchtigte Mexiko-Embargo-in Kraft trat. Als der Nachschub an Chili ausblieb, erlitt Cross Demütigungen, von denen er sich auch musikalisch nie ganz erholte.« Dabei hätte der Künstler auf den in Asien seit alters her gebräuchlichen Sambal Oelek zurückgreifen können, eine Paste aus rotem Chili, die dank grober Zerkleinerung »neben der aufreizenden auch noch eine schmirgelnde Wirkung« ausübt. So der frühere indonesische Ministerpräsident Suharto, der die Anwender der Methode allein in Südostasien auf etwa hundert Millionen schätzte.

3. Die Schwellkörper-Autoinjektion

»Dieses Verfahren ist nur geeignet für Männer, die tapfer genug sind, sich selbst eine Spritze zu geben«, räumt ihr Erfinder ein, der belgische Arzt Louis Zondergeld. Nach eigener Auskunft beliefert er »nicht nur das belgische Königshaus«. Gespritzt wird Prostaglandin E, ein Mittel, das die blutzuführenden Arterien erweitert und zugleich die blutabführenden Venen verengt. Zondergeld: »So kann die zur Versteifung notwendige Menge Blut in die Hohlräume des Gliedes einströmen.« Weltweit etwa eine Million Männer wenden die Spritze an, und zwar jeweils eine halbe Stunde vor dem erwarteten Ereignis. Das führt gelegentlich zu Problemen. Eine Angehörige der englischen Monarchie verstieß ihren angetrauten Liebhaber, »weil ich nicht mehr mit ansehen konnte, wie er in der Stunde der Leidenschaft mit der Spritze hantierte«.

4. Das Oberton-System

Der Karlsruher Musikwissenschaftler Ludwig Lindenhaas ist Schöpfer dieser vermutlich ebenso unschädlichen wie fragwürdigen Prozedur. Entweder der Mann selbst oder die Frau müssen dazu in der Kunst des Oberton-Singens bewandert sein. Bei einer Schwingung von 4000 Hertz werde, so Lindenhaas, »die erektile Funktion voll regeneriert«, bei 6000 Hertz »über jedes frühere Maß gesteigert«. Wie die Hertz-Töne mit der Stimme zu erzeugen sind, lehrt Lindenhaas in kostspieligen Seminaren. Es gibt in Deutschland bislang 253 geprüfte Anwender, die ihr Diplom auch dazu berechtigt, bei betroffenen Männern heilsam tätig zu werden. Vorerst bleibt jedoch ein unüberhörbares Handicap der Lindenhaas-Methode: »Wenigstens einer der beiden Partner (besser beide) muss im Bett einen bestimmten Ton singen, und das mindestens so lange, bis die wieder gewonnene Erektibilität sichtbar in Erscheinung tritt.«

5. Die Silikon-Pumpe

Das vom bekannten Proktologen Daniel Koontz entwickelte Konstrukt besteht aus drei Komponenten, die miteinander durch Schläuche verbunden sind: einem Reservoir, einem dehnbaren Zylinder und einer Pumpe. Alle diese Teile werden implantiert: Das mit Kochsalzlösung gefüllte Reservoir kommt unter die Bauchmuskeln, der längliche Zylinder in die Schwellkörper im Penis und die ballonförmige Pumpe in den Hodensack. »Um eine Erektion zu bekommen«, lehrt Koontz, »drückt der Klient rhythmisch auf die Pumpe im Scrotum. Dadurch wird Kochsalzlösung in den Zylinder gepresst, der Penis erhebt sich.« Anwender des prothetischen

Mittels weltweit: bis Jahresende 1998 etwa eine Million. Vorzug des Silikon-Implantats: Die Krankenkassen zahlen. Nachteil: Vernehmliche Pumpgeräusche während des Geschlechtsverkehrs.

6. Die Vakuum-Methode

»Es ist erstaunlich, dass wir so spät darauf gekommen sind«, sagte auf dem letzten Urologenkongress der Wiener Medizintechniker Robert Vetter. »Bei der Vakuum-Methode waren die Patienten uns Medizinern voraus.« Vetter spielt auf jene rund 3000 Männer an, die jedes Jahr den Notarzt rufen, weil ihr Penis in das Rohr eines Staubsaugers geraten ist – nicht zufällig zwar, aber häufig zu weit. »Neuartige Geräte mit bis zu 2000 Watt Saugleistung sind einfach zu stark«, kritisiert Vetter. Seit dem Herbst 1997 ist sein speziell angefertigter Vakuum-Sauger auf dem Markt, der klinischen Tests zufolge Verletzungen nahezu ausschließt (Limit: 700 Watt). »Das schlaffe Glied in den Ansaugstutzen einbringen«, fordert die Gebrauchsanweisung, »dann Gerät einschalten und Saugleistung stufenlos erhöhen, bis gewünschte Erektion erreicht ist«. Anwender bisher: rund 30 000 im deutschen Sprachraum. Manko: Ohne Anschluss-Stimulation fällt die Erektion rasch wieder zusammen.

7. Die Chip-Induktion

Es war nicht Bill Gates, sondern ausgerechnet sein schärfster Konkurrent, Scott McNealy, der auf der CeBit 1998 den ersten SX-Induktor vorstellte und damit die Aufmerksamkeit gleich mehrerer Branchen auf sich zog. McNealy's Komplettlösung kommt nicht ohne Implantat aus. Das jedoch ist, dank Mikroelektronik, winzig klein. Es wird an der Peniswurzel eingebracht und stimuliert die Schwellkörper durch digitales Power Management mit optional installierbarer Wiederholfrequenz. Über eine codierte Fernbedienung, auf

Wunsch in den Handballen implantiert, lässt sich dieser Chip-Induktor jederzeit starten. Ein für 1999 angekündigtes Update (»Ink Jet«) soll sogar die Ejakulation steuern. »Erektion nach Maß!«, jubelte die Fachzeitschrift *Chip.* Doch Vorsicht: Bei Missbrauch der Fernbedienung durch Dritte kann es in unpassenden Momenten zu ferngesteuerten Versteifungen kommen. Rivale Gates warnte optimistische User überdies vor einer »ferninduzierten Stimulierung über das Internet«, die allein durch McNealy kontrollierbar sei und »womöglich im Minutentakt bezahlt werden muss«.

Fünf berühmte Ejakulationsrekorde

1. Menge

Schauplatz dieses Rekordes war das Arbeitszimmer des englischen Schriftstellers D. H. Lawrence. Ein achtlos weggeworfenes Streichholz entfachte im Oktober 1906 einen Brand im Papierkorb des Autors. Lawrence war damals 21 Jahre alt. »Nur mit seiner ungestümen jugendlichen Kraft ist zu entschuldigen, wie er das Feuer löschte«, schrieb seine Mutter in ihr Tagebuch. »Als ich eintrat, stand der gute Junge entblößt über den Flammen, das Gemächte aufgerichtet, und legte Hand an sich. Unter der ungeheuerlich herausschießenden Menge erstarben die Flammen.« Sie selbst habe lediglich die »Restglut« mit Wasser aus einem Blumenkübel gelöscht. Die Schilderung mag übertrieben sein, zumal Mutter Lawrence damals die hingebungsvolle Liebhaberin ihres Sohnes war. Im Hause der Familie in Nottingham – jetzt Gedenkstätte – wird ihre Tagebuchseite noch heute gezeigt, dazu auch der Papierkorb, der freilich nur Brandspuren aufweist.

2. Weite

Es gibt gute Gründe, ein paar der Großtaten des chinesischen Revolutionsführers Mao Tse-tung zu bezweifeln. Der folgende, von ihm selbst ermüdend häufig erzählte »Heldenstreich eines Bauernsohnes« wurde sogar von seiner Witwe Chiang Ch'ing in Abrede gestellt. Sie selbst war allerdings bei der ungewöhnlichen Vorführung im Jahre 1935 nicht zugegen, sondern ihre Vorgängerin Ho Tzu-chen sowie einige Tausend Teilnehmer des »Langen Marsches«. Vom Westufer des Yangtze aus soll Mao seine Frau Ho auf dem Ostufer »mit mehreren Salven getroffen« haben. Die Weite ist nicht genau zu bemessen, da unterschiedliche Stellen gezeigt werden. Zu Lebzeiten des Führers galt ein Dorf in der Provinz Jiangsu als Schauplatz; der Fluss ist dort 300 m breit. Kurz nach seinem Tod wurde per Parteidekret festgelegt, der Ort des Ruhms habe sich am Oberlauf des Flusses in der Provinz Jinghai befunden, und zwar beim Dorf Xiang; dort misst der Fluss rund zwanzig Meter. Das an der fraglichen Stelle errichtete Denkmal wurde jedoch 1997 schon wieder abgerissen. Die Parteiführung hat unterdessen die Flussquelle selbst zum Schauplatz des Ereignisses bestimmt. Sie ist etwa acht Zentimeter breit.

3. Höhe

Im letzten so genannten Mauerschützenprozess bekannte sich der ehemalige Ostberliner Grenzsoldat Roland Hänsel zu der folgenden Leistung. »Um die westlichen Geheimdienste zu irritieren«, habe er bei einem Patrouillengang am 12. Oktober 1988 »über die Mauer abgedrückt«. Das betreffende Mauerstück an der Heidelberger Straße (Treptow) hatte zu jener Zeit eine Höhe von 3,21 m. Zeugen des Rekordes waren Hänsels Patrouillengefährte Gerd Methfessel sowie die Neuköllner Rentnerin Gertrud Breckwoldt, die zum Zeitpunkt des Deliktes auf der westlichen Seite der Mauer unterwegs war. Im Prozess trat sie als Nebenklägerin auf, konnte aber lediglich die Reinigungskosten für ihre Perücke erstreiten. Hänsel wurde von allen übrigen Anklagepunkten freigesprochen. Das Gericht folgte der Auffassung des Strafverteidigers, sein Mandant habe mit der Aktion »zum deutsch-deutschen Dialog beigetragen« und »die Öffnung der Grenzen vorweggenommen«.

4. Häufigkeit

Bei einer namenlosen Piemonteser Bauernmagd ist Giacomo Casanova nach eigenen Angaben »binnen einer Stunde elf Mal zum Genusse gekommen, hernach aber für ebenso viele Tage nicht mehr in der Laune gewesen«. Die Leser seiner Memoiren müssen es glauben. Ein vergleichbares Kunststück ist unter Laborbedingungen nur dem Engadiner Melkburschen Balthasar Uetli im Jahre 1986 gelungen. Der »sexuell hoch Begabte« (so Untersuchungsleiter Dr. Beat Tschuggen) hat immerhin »neun Mal hintereinander, und jedes Mal neu ansetzend, ein messbares Quantum Samenflüssigkeit zu Tage gefördert«. Uetlis Wunsch, mit seiner Kunst in der Sendung »Wetten dass« aufzutreten, wurde nicht erfüllt. Die zuständige Redakteurin zeigte sich persönlich beeindruckt, wollte jedoch »unsere männlichen Zuschauer nicht einschüchtern«.

5. Wirkung

Im Januar 1994 wurde der französische Arzt Marcel Lavant für schuldig befunden, mehr als neunzig Frauen mit einer einzigen Ejakulation befruchtet zu haben. Lavant war Leiter der Samenbank »Fertilité infinite« in Lyon sowie Spezialist für Reagenzglas-Befruchtung. Als Motiv für sein Handeln gab er zunächst an, er habe sehen wollen, »wie weit unsereins mit einem einzigen Spritzer kommt«. Später behauptete er, er habe aus Anteilnahme gehandelt, denn er habe seinen Samen nur bei solchen Paaren eingesetzt, bei welchen ihn beim Anblick des Ehemannes »Mitleid mit der Frau ergriffen« habe. Der uneigennützige Spender wurde dennoch als Leiter der Samenbank entlassen und im Herbst 1995 zur Unterhaltszahlungen in 91 Fällen verurteilt. Er ist untergetaucht. In einem Interview aus seinem Versteck ließ er jedoch wissen: »Mein Erbe lebt fort.«

Zehn Rezepte
zur Verführung von Frauen

1. »Wenn du dich kühl gibst und die Frauen verachtest, sagen sie, du hast erotische Ausstrahlung, und rennen dir nach.« – Errol Flynn, Schauspieler
2. »Wenn ich sage: Ich will Sie malen!, habe ich sie schon.« Gustav Klimt, Maler
3. »Es ist wie bei den Stieren. Es gibt nicht zwei, die auf die gleiche Weise zur Aufgabe des Widerstandes gebracht werden. Ebenso bei den Frauen: Jede verlangt ein anderes Vorgehen. Nur eines muss der Mann, der sie erobern will, in jedem Fall können, wenn auch nur für ganz kurze Zeit: sich in sie verlieben.« – Jesulin de Ubrique, Torero
4. »Ich fühle mich in meiner Haut wohl, sehr wohl. Ich liebe meinen Körper. Deswegen lieben ihn die Frauen. Ich streichele ihn. Deswegen wollen sie ihn streicheln. Ich genieße ihn. Und sie wollen dabei sein.« – Elvis Presley, Sänger
5. »Frauen finden dich scharf, wenn sie das Gefühl haben, du könntest mit der Peitsche umgehen. Du willst die Frau, die da an der Bar sitzt? Sorg dafür, dass eure Blicke sich begegnen. Und wenn sie sich begegnen, dann stell dir vor, du hältst die Peitsche in der Hand und lässt sie knallen. Sie wird sich winden vor Verlangen.« – Juan Manuel Fangio, Rennfahrer
6. »Lass sie einfach spüren, dass du Geld hast. Vor allem, wenn das nicht der Fall ist.« – Donald Trump, Bau-Unternehmer

7. »Wenn ich mit einer Frau schlafen will, sage ich das. Genau so. Mitten im Gespräch. Ich sehe sie etwas länger an und sage: Ehrlich gesagt, ich würde gern mit Ihnen schlafen. Wenn sie sehr erschrickt, sage ich: Oder nur neben Ihnen liegen, das würde mir schon genügen. Um Sie ganz nahe zu fühlen. Es gibt Frauen, die sofort aufstehen und mich sitzen lassen. Aber die sind selten. Die meisten brauchen nur eine kurze Verschnaufpause. Dann sind sie bereit.« Vittorio Gassmann, Schauspieler

8. »Das Mitgefühl der Frauen zu erwecken, ist der Schlüssel zu ihrer Hingabe. Madame, ich habe nie meine Mutter gekannt; ich weiß nicht, was Liebe ist, ich ahne es nur. Mademoiselle, ich bin nun einmal ein Pechvogel; das Glück ist anderen hold; nehmen Sie mir meine traurigen Augen nicht übel. Solche Sätze führen ans Ziel.« – Honoré de Balzac, Autor

9. »Wenn ich zwei Wochen enthaltsam gelebt habe, strahle ich so viel Sinnlichkeit aus, dass die Frauen ohnmächtig werden. Vor allem, wenn ich ihre Männer entführe.« Rudolph Valentino, Stummfilm-Held

10. »Augenscheinlich gibt es keinen verlässlicheren Weg, die Frauen anzuziehen, als sie zu meiden. Sie tun alles, um einen flüchtigen Mann für sich zu gewinnen.« – Arthur Schopenhauer, Philosoph

Die 15 meistgenannten Dinge,
die Männer abtörnen

1. Plüschtiere

Überall sitzen Bärchen, Äffchen, Schweinchen, Hunde aus strapazierfähigem Material. Vielleicht auch Puppen. Im Bett ein abgewetzter Teddy, tja, irgendwie rührend, aber insgesamt ist hier wohl noch die Klein-Mädchen-Phase angesagt. Besonders schwerwiegend: der riesige rosa Elefant vom Jahrmarkt.

2. Babyfotos

Ihre ältere Schwester oder Freundin oder Cousine hat schon ein Baby. Und die Fotos von diesem und anderen unheimlich süßen Kleinen stehen gerahmt im Bücherbord oder kleben an der Pinnwand. Dem Mann wird bang. Will sie möglichst bald Mutter werden?

3. Appetitzügler

In der Küche liegen so komische Schachteln herum, auf denen schlanke Frauen abgebildet sind. Nicht viel besser macht sich eine Tüte mit Leinsamen oder Weizenkleie. Berechtigter Verdacht: Sie frisst wie süchtig Chips und wirft zum Ausgleich Wunderpillen ein.

4. Temperaturkurve

Neben dem Bett ein Thermometer. An der Wand ein Blatt, das an vergangene Mathestunden erinnert. Linien, Kästchen, Zahlen. Und durch alles windet sich eine Kurve mit geheimnisvollen Abkürzungen: »u« oder »f« oder gar »GV«. Heißt: Hier wird Sex mit Buchhaltung kombiniert.

5. Psycho-Literatur

Eigentlich nicht schlecht, wenn sie auch ein paar Bücher hat. Übel aber, wenn das lauter Ratgeber sind. Aus der therapeutischen oder esoterischen Ecke. Braucht sie das? Noch härter: feministische Basis-Literatur Motto: Die Männer sind an allem schuld.

6. Poster

James Dean im Regen. Marky Mark in Unterhose. Filmstars und Teeniebands in knackigen Posen. Betet sie die an? Schwärmt sie noch so richtig babymäßig? Dann kann sie ja gleich noch ihre alten Pferdeposter danebenkleben.

7. Kondomschachteln

Ist ja gut, wenn sie sich Gedanken über Verhütung macht. Aber wenn die Schachteln so bunt herumliegen, kann einer schon ins Grübeln kommen. Führt sie irgendeine Testreihe durch? Mal nachsehen: Wahrscheinlich hängt ein benutztes noch im Papierkorb.

8. Tipp-Topp-Sauberkeit

Alles spitzenmäßig aufgeräumt, total ordentlich, gewischt, geputzt und abgeleckt. Einerseits eindrucksvoll. Andererseits steril. Egal, wo man sich hinsetzt, man hat das Gefühl, man beschmutzt was. Und wie macht sie wohl Sex? Mit einem Desinfektionsspray unter der Bettdecke?

9. Foto vom Ex

Manchmal ist es sogar eine Fotowand. Ist ja auch in Ordnung, dass sie nicht alle Erinnerungen verbrennt. Aber wenn das Foto auf dem Schreibtisch steht oder vom Bett aus besonders gut sichtbar ist, dann beflügelt das nicht. Dann stört das ein bisschen.

10. Duftlampe

Das ist so ein Gerät aus Steingut mit Teelicht drin und Tellerchen drauf. Und in das Tellerchen träufelt sie nun ein Öl, vorzugsweise »Ylang Ylang«. Sie hat gelesen, das wirke romantisch und sogar erotisierend. In Wahrheit verbreitet es süßlichen Mief.

11. Schönheitsutensilien

Schön, wenn sie edle Parfums und ein paar Kosmetika hat. Aber es gibt so Zutaten, die sieht man ungern herumliegen: falsche Wimpern, falsche Fingernägel. Wirkt doch entschieden unfrisch. Fehlt nur noch das Haarteil.

12. Setzkasten

So was hat ein Mädchen mit fünfzehn. Wenn auch noch mit achtzehn, will sie nicht erwachsen werden. Will lieber die süßen kleinen Figürchen abstauben. Noch alarmierender ist allerdings das Nachfolgemodell: Die Vitrine mit geschliffenen Gläsern oder Porzellanfiguren.

13. Trockengestecke

Gemeint sind knisternd trockene Arrangements aus Strohblumen und Tannenzapfen, womöglich mit Schleifchen und Goldspray verziert. Oder auch ausgeblichene Rosen, die der Erinnerung an vergangenes Glück dienen. Da ist bereits die innere Oma am Werk.

14. Siffbett

Wenn das Bett so ein bisschen unordentlich ist, gut, sehr gut. Das ist einladender, als wenn es hotelmäßig glatt gestrichen und festgezurrt ist. Aber wenn es so aussieht, als ob es riecht, wenn es so in Richtung Bio-Kompost geht, nee, dann nicht.

15. Eingeweichte Wäsche

Im Badezimmer steht ein Eimer, darin schwimmt Wäsche. Und zwar schon etwas länger Vielleicht auch im Waschbecken. Das Wasser sieht trüb und dickflüssig aus. Die totale Härte. Auch nicht ermutigender: ausziehbarer Wäschehalter über der Badewanne mit Schlüpfern dran.

Sechs Gründe, warum Männer keine Lust mehr haben

»Die allgemeine sexuelle Triebkraft schwindet dramatisch!«, meldete 1995 erschrocken der Sexualwissenschaftler Ernest Borneman. Dann aß er Tabletten. Sein Münchener Kollege David Pauly winkt gelassen ab: »Einen Mann, der Selbstmord macht, wenn er keine Erektion mehr kriegt, werden Sie in der jüngeren Generation vergeblich suchen. Die meisten sind froh, wenn sie schlaff sind. Kein Trieb, keine Aufregung.« Die Statistik bestätigt: Die Häufigkeit wechselnder Sexualkontakte hat sich 1999 gegenüber 1989 um mehr als die Hälfte vermindert. Und seit fünf Jahren steigt das Alter, in dem Männer ihre ersten sexuellen Erfahrungen machen. Bis dahin war es kontinuierlich gesunken. Jetzt lassen sie sich Zeit. Und wenn sie dann endlich verbandelt sind, ziehen sie sich nur noch für die treue Partnerin aus. Sind das alles Schlappmacher? Haben sie Besseres zu tun? Oder finden sie womöglich »tiefe Erfüllung in treuer partnerschaftlicher Zuneigung«, wie Experte Johannes Paul II. mutmaßte? Ganz bestimmt. Aber hier sind noch sechs weitere wichtige Gründe, weshalb Männer keine Lust mehr auf Sex haben.

1. Der Sättigungs-Faktor.

»Sie kriegen genug Sex«, meint der Freiburger Anthropologe Rüdiger Schwab. »Mehr als genug. Und genau das ist der Grund für die Zurückhaltung. Die permanente Bombardierung mit Sex in den Medien stillt den Hunger auf Süßes.« Sex gibt's ohne Ende auf Video. Im Film. Im World Wide Web. In Talk-Shows wetteifern bekennende Voyeure, Sodomiten,

Sadomasos miteinander. Dazu kommt ein Trommelfeuer unerbetener Ratschläge, wie und was wann und wie oft zu tun sei. Ergebnis: Mediensüchtige Männer sind pappsatt schon vor dem Essen. Und können nur noch müde abwinken. Und legen, wenn die Libido dann doch mal drängt, lieber kurz selbst Hand an. Weil das nicht so aufwendig ist.

2. Die Harmonie-Falle.

Im Kokon der Zweisamkeit erleidet jeder noch so wüste Trieb den Wärmetod. Durch zu viel Harmonie. Ob die Massenmedien es nur so darstellen, oder ob es wirklich so ist: Die Welt erscheint in den action news krisenhaft und bedrohlich. Deshalb rücken Paare enger zusammen, suchen Nestwärme, heiraten wieder früher und setzen häusliche Eintracht gegen äußere Unsicherheit. Aber Sex braucht das Knistern. Sex lebt von Spannungen, von Reibereien, auch von Aggressionen. Wenn um des Friedens willen Konflikte und Streit vermieden werden, geht das auf Kosten der Erotik. Männer, die für ihre harmonische Partnerschaft dankbar sind, haben selten ein aufregendes Liebesleben. Und sie verspüren auch kein Bedürfnis danach. Denn um der hausgebackenen Eintracht willen haben sie, ohne es zu merken, vitale Triebe weggeschoben und stillgelegt.

3. Der Eiweiß-Overkill.

»Ein gutes Steak«, hat der zünftige Pierce Brosnan gesagt, »ist besser als schlechter Sex.« Umgekehrt wird ein Schuh daraus, predigt nun der renommierte Biochemiker Leon Kaplan. Weil das Steak gut ist, wird der Sex schlecht. Im Erklärungsnotstand für das Schwinden der Lust kommen die Forscher nämlich auf die eigentümlichsten Ideen. Vom Eiweiß-Overkill ist die Rede. Kaplan: »Zu viel Eiweiß ist ein Lusttöter.« Je größer der Überschuss an Fleisch und Milchprodukten in der Ernährung, desto schwerer, müder, stumpfer werde die Sinnlichkeit. Für die Partnerin bleibt noch ein Streicheln übrig, meist in Tateinheit mit herzhaftem Gähnen.

4. Das Pluto-Problem.
Oder ist das nur ein Generationenproblem? Die Siebzigerjahre waren das Goldene Zeitalter der Promiskuität. Die optimistische Reagan-Ära brachte noch mal ein kräftiges Aufflackern, und das trotz Aids. Seitdem ist Schluss. Für den Gezeitenwechsel haben die Sterndeuter eine leuchtende Erklärung parat: Erotik-Planet Pluto ist verantwortlich. Der stand zur Geburtszeit der Hippie- und »Wer einmal mit derselben pennt«-Generation im Sternzeichen Löwe. Das bedeutet nach Astro-Lesart: Großzügiger, grenzenloser Sex. Im Horoskop der jetzt 24–34-jährigen jedoch steht Pluto in der Jungfrau, und das heißt: vorsichtiges, wohldosiertes Liebesleben. Im Horoskop der 12–22-jährigen steht er in der Waage und sorgt dafür, dass ihnen Harmonie über Erotik geht. Die Kinder aber, die jetzt jünger als zwölf sind, die haben den Pluto im Skorpion, und deren Generation, meinen die Astrologen, wird wieder ein unvergleichlich intensives Sex-Leben haben. Beizeiten einen jüngeren Liebhaber sichern!

5. Das Bildschirm-Syndrom.
Oder ist es der Computer? Ersetzt der Internet-User seine Partner-Pflichten durch nächtliches Drücken der Maus? Ja, das tut er. Und Bildschirme törnen ab. Der emsige Pariser Soziologe Léo Jammes hat es auf eine simple Formel gebracht: Je mehr die Leute fernsehen oder vor einem PC sitzen, desto weniger Lust haben sie. Und in seiner Untersuchung ging es nicht um Rentner, sondern um Powerboys zwischen 16 und 29. Neurophysiologen haben auch schon die Erklärung nachgeliefert. Um erregt zu werden, muss das

Gehirn Glückshormone ausschütten, so genannte Endorphine. Im Strahlengewitter eines farbigen Bildschirms jedoch wird es permanent dazu animiert, diese Endorphine
auszukippen, und zwar in kleinen Portionen. Nach zwei bis
drei Stunden ist der Speicher erst mal leer. »Jemanden, der
den Abend vor dem Monitor verbracht hat, noch sexuell zu
erregen, ist schwer bis unmöglich«, hat Jammes festgestellt.
»Und dass er selbst auf sexuelle Gedanken verfällt, ist so gut
wie ausgeschlossen.«

6. Die Stress-Frauen-These.

Working Girls, ergab eine amerikanische Untersuchung im
Frühjahr 1996, haben weniger Sex als Frauen, die zu Hause
bleiben. Die Erklärung scheint zunächst simpel: Wer Karriere macht, hat weniger Zeit. »Doch der Grund liegt tiefer.
»Eine Frau, die beruflich angespannt ist, produziert mehr
männliche Hormone und weniger weibliche Sexual-Lock-
stoffe«, seufzt die Kölner Therapeutin Eva Hartmann. »Sie
hat weniger Lust. Und sie macht weniger Lust. Seit Urzeiten
ist das eine ganz normale Reaktion auf Stress.« Doch nie
zuvor hatten junge Frauen so viel Stress wie heute. Sie sollen Karriere machen. Sollen Kinder kriegen. Das möglichst
gleichzeitig. Und die totale Verplanung der Freizeit setzt
noch eins obendrauf. »Frauen unter Stress törnen keinen
Mann an«, sagt Eva Hartmann. »Ich merke das selbst immer
wieder.«
Schade. Aber tröstlich. Denn für einen Mann ist es ungeheu-
er beruhigend, dass er die Verantwortung anderswohin schieben kann, wenn die Zeichen der Lust ausbleiben.

30 Dinge,
die impotent machen

1. Alkohol
2. Alter
3. Bettfedern, knarrende
4. Bettwäsche, abgestandene
5. Beziehungsgespräche
6. Dessous, zu scharfe
7. Diners, reichhaltige
8. Erdstrahlen
9. Feminismus
10. Fernsehen, ausgedehntes
11. Geräusche, nachbarliche
12. Haustiere, im Zimmer befindliche
13. Hingabe, allzu bereitwillige
14. Hitze jenseits 30 Grad
15. Intelligenz der Frau
16. Intelligenz des Mannes
17. Kälte, winterliche
18. Kinderwunsch der Frau
19. Kniestrümpfe
20. Kondome, zu große
21. Latex-Unterwäsche
22. Lautlosigkeit der Frau
23. Mütterlichkeit der Frau
24. Niederlagen, sportliche
25. Selbstentkleidende Frauen
26. Strumpfhosen
27. Vergleiche, von der Frau angestellte

Sechs gottesfürchtige Arten, das Werkzeug zu verbessern

Die folgenden Anleitungen verdanken wir der *New Church Of The Sanctified Christ,* einer evangelisch-fundamentalistischen Bewegung, die im amerikanischen Mittelwesten rasch Zuspruch gefunden hat. Da die *Church* jetzt auf den europäischen Markt drängt, geben wir beizeiten das Regelwerk wieder, das ihr Fernsehprediger Matthew Newcombe allen männlichen Anhängern mit auf den Weg gegeben hat. »Denn es kann geboten sein, zur Erfüllung des Gebotes der Fortpflanzung die Größe des männlichen Werkzeuges zu bessern und zu mehren, jedoch nur durch natürliche und gottesfürchtige Maßnahmen«. Hier sind die Maßnahmen, wie Newcombe sie vorschlägt.

1. Gebet
»It's all in the mind«, glaubt Newcombe und bezieht sich auf im Management übliche Methoden wie Mentales Training und Positives Denken. Das Gebet sei ähnlich, jedoch älter und wirksamer, »weil eine größere Kraft angesprochen wird«. Beim vorliegenden Problem sei allerdings Geduld vonnöten.

2. Erwärmung
»Einweichen, quellen lassen, heiße Umschläge sind einfache und natürliche Mittel, die wir schon von unseren Müttern her kennen«, schreibt der Prediger etwas rätselhaft. Die Erwärmung führe zur Ausdehnung und besseren Durchblutung, bei regelmäßiger Anwendung daher »zu guter und dauerhafter Vergrößerung«.

3. Massieren in eine Richtung

Auch die Massage sei ein gottgefälliger Weg, lässt Newcombe wissen, sofern sie nicht missverstanden werde. »Es geht um das Erwärmen und Durchbluten der Muskulatur, nicht um fleischliche Reizung.« Die Massage solle »ausschließlich zur Spitze hin« erfolgen und nicht mehr als 15 Minuten täglich beanspruchen.

4. Flaschenzug

Newcombe bezieht sich auf den Komponisten Robert Schumann, »dem wir wunderschöne geistige Musik verdanken«. Schumann hatte seinen kleinen Finger mit einem Flaschenzug verbunden, hatte so Klavier gespielt und den schwachen Finger damit gestärkt. »Ein Gewicht, das du an dein Werkzeug hängst, wird Gleiches bewirken«, meint der Pfarrer sibyllinisch. »Beginne mit leichten Gewichten.«

5. Kabeltrommel

Für diejenigen, denen es vor allem auf die Länge ankommt, hat Newcombe die Kabeltrommel vorgesehen. Freilich sei Vorsicht vonnöten. Die Trommel dürfe anfangs nur mäßig gedreht werden, schreibt er, »da es sonst zur Überdehnung kommen kann«. Behutsamkeit führe sicher zum Ziel. Genauere Anweisungen werden nicht gegeben.

6. Streckbank

»Missbrauch der Streckbank während der unglücklichen Zeit der Inquisition mindert nicht ihren ursprünglichen Wert«, schreibt der Pfarrer. Seine *Church* hält wohl noch einige funktionsfähige Exemplare im Keller bereit. Bei der Streckbank sei allerdings die Hilfe von mindestens einer weiteren Person vonnöten. »Aber bitte nicht deine Frau«, rät Newcombe weise, »denn sie mag von rächenden Gedanken heimgesucht werden.«

13 tödliche Komplimente
von Männern

1. Du bist gar nicht so schlecht im Bett.
2. Für eine Frau hast du das sehr klar ausgedrückt.
3. Das schmeckt fast wie bei meiner Mutter.
4. Kaffee kannst du kochen, das muss man dir lassen.
5. Für eine Karrierefrau sind Sie erstaunlich weiblich.
6. Die kleinen Fältchen machen dich interessanter.
7. Manchmal kannst du richtig gut einparken.
8. Schöne Frauen sind sowieso meist uninteressant.
9. Dein Busen ist doch gar nicht so übel.
10. Die paar Pfunde mehr stehen dir ganz gut.
11. Mit Brille siehst du besser aus als ohne.
12. Für eine Frau verträgst du ganz schön viel Alkohol.
13. Dumm fickt gut.

Sieben romantische Liebeserklärungen

Punkte in Flensburg

Direkt zur Heirat führte der Liebesdienst, den der Berliner Gert Micha Simon seiner Verlobten Marga erwies. Als sie bei Dunkelrot über die Ampel gefahren und geblitzt worden war, übernahm er die Verantwortung. Er behauptete, er habe am Steuer gesessen, berappte die Strafe und kassierte vier Punkte in Flensburg. Marga: »Wie süß von ihm! Ich musste ihn einfach heiraten!« Ein halbes Jahr später wiederholte sich der Vorgang. Gert Micha Simon war immer noch verliebt, »aber du solltest auch besser aufpassen, Schatz.« Bald nach dem ersten Hochzeitstag erklärte der Held sich abermals bereit, vier rote Punkte zu übernehmen, diesmal allerdings für eine Dame namens Brigitte. »Auch hier hatte diese Art Liebeserklärung sofort die erwünschte Wirkung«, berichtet Simon. Er ist mittlerweile geschieden und ohne Führerschein.

Dominosteine aufbauen

Um der Kindergärtnerin Susi zu imponieren, griff der Dresdner Zimmermann Christian Gehrke auf sein Hobby zurück: das Domino-Spielen. Über ein Jahr lang machte er sich jeden Abend nach der Arbeit und an den Wochenenden schon frühmorgens daran, die größte Domino-Skulptur der Welt aufzubauen. Insgesamt 317 646 Dominosteine brachte er in einer Turnhalle der Dresdner Neustadt in Aufstellung, hochkant natürlich. Und zwar dergestalt, dass die Steine insgesamt seinen Liebesschwur ergaben. Die Kunst, die dann auch ins Guinness-Buch der Rekorde eingetragen wurde, bestand darin, dass durch das Anstoßen des ersten Steines jene Kettenreaktion in Gang gesetzt wurde, die am Ende alle Steine flachlegte, sodass von erhöhter Position aus endlich der romantische Schriftzug lesbar wurde. Am 19. Juli 1998, nach dreizehnmonatiger unablässiger Aufbauarbeit, bat Gehrke die verehrte Susi zur Vorführung. Nach einer kleinen Ansprache berührte er feierlich den ersten Stein, der stieß den zweiten um, schon fiel der dritte, und die rasende Fahrt war nicht mehr aufzuhalten. Innerhalb von 213 Sekunden lagen alle 317 646 Steine darnieder und ergaben den schwärmerischen Schriftzug: »Susi, ich liebe dich und werde dich immer lieben, dein Christian Gehrke«. Susi antwortete: »Das glaubst du doch wohl selbst nicht. Du wirst immer nur Domino spielen.« Ging und ließ nie mehr etwas von sich hören.

Bungee-Gruß

Als »die originellste Art zu fensterln« bezeichnet die Münchenerin Nathalie Wolf das Abenteuer, das ihr Verehrer Stefan Lindau ihretwegen unternahm. Lindau, geübter Springer, ließ einen Bungee-Kran in München so über dem Haus der Umworbenen ausrichten, dass er mit einem Sprung direkt vor ihr Fenster tauchen konnte. Mit einem Band in perfekter Länge betrat er am 13. Mai 1998 den Ausleger des Krans. Per Handy rief er Nathalie an und forderte sie auf, ans Fenster zu treten. Da werde es gleich eine Überraschung geben. Nathalie folgte, und tatsächlich, die Überraschung kam. Wie vom Himmel gefallen, kopfüber, aber juchzend, winkend und bester Laune, tauchte Stefan Lindau exakt vor ihrer Scheibe auf – und war im nächsten Augenblick schon wieder verschwunden. Begeistert stieß sie das Fenster auf, um ihm nachzublicken – und konnte gerade noch den Kopf zurückziehen, als er schon wieder wie ein Raubvogel herabstieß. Leider kamen diesmal die Fensterflügel, die an dem alten Haus nach außen aufgingen, gründlich zu Schaden, ganz zu schweigen von dem Verehrer selbst. »Aber es war doch eine schöne Idee«, sagt Nathalie, die zum Glück schnell über die Trauer hinweggekommen ist.

Himmelsschreiber

Um eine angebetete Sängerin zu beeindrucken, engagierte der Hamburger Chorleiter Gottfried Hoffmann einen so genannten Himmelsschreiber. Also einen Piloten, der an schönen Tagen mit einer Zugabe von Öl im Auspuffsystem große Kondensbuchstaben in die Luft malt, meist im Auftrag von Firmen. Hoffmann opferte einen vierstelligen Betrag, damit am Hamburger Himmel die holde Zeile entstand: »Heidi Krack – ich liebe dich ewiglich! Dein Gottfried!« Als nach perfekter Ausführung der Pilot abdrehte, löschte eine widrige Luftströmung den Schriftzug vom Ende her, sodass Heidi Krack, als sie auf die Straße trat, zwar die Liebeserklärung las, aber als Unterschrift nur noch erkennen konnte: »Dein Gott«. Sie fiel erschüttert auf die Knie, dankte Gott für seine Botschaft, bekehrte sich zum katholischen Glauben und lebt seither als Nonne im Kloster der Barmherzigen Schwestern vom Heiligsten Sakrament.

Das zerschnipselte Poster

Die Erinnerung an ein Starmagazin aus seiner Jugendzeit brachte Rudolf Prinz aus Düsseldorf auf seine romantische Idee. Er begab sich für vier intensive Wochen in ein Fitness-Center und ließ anschließend ein lebensgroßes Poster von sich anfertigen. Dieses Poster zerschnitt er in 24 gleich große Teile. Und sandte nun Teil für Teil an jene Beatrice F., die er inniglich liebte und die ihn ebenfalls mehr als sympathisch fand, die ihn aber leider noch nicht erhört hatte. Alle drei Tage erhielt sie nun ein Puzzlestück seiner Gesamtansicht und pinnte jedes freudig an die Wand. Die Tatsache, dass Rudolf am Scheitel begann und portionsweise die unteren Stücke nachreichte, mag erklären, weshalb Beatrice F. nach zwei Dritteln der Sendung den Kontakt abbrach. Selbst die geballte Sendung der ausstehenden Teile nebst flehenden Worten (»Du hast doch meine Zehen noch gar nicht gesehen!«), vermochte nichts zu retten. Freunde, die das Foto später im Internet entdeckten (bf.whoopsie.com), rieten Rudolf: »Du hättest besser einen Slip anziehen sollen.« Aber dafür war und ist es nun zu spät.

Litfaßsäulen am Valentinstag

Genau 132 Litfaßsäulen ließ der Bremer Kunstsammler Günther Schmock bekleben, um die Frau seiner Sehnsucht zu betören, eine Yoga-Lehrerin namens Heide Petri. Für jede Litfaßsäule hatte er in nächtelanger Arbeit ein eigenes Plakat entworfen. Jedes zeigte eine andere Yoga-Übung und darunter stets den Spruch: »Liebe Heide! Mein Leben ist eine einzige Übung für Dich! Günther.« Die Angesprochene entdeckte das erste Plakat am Morgen des Valentinstages. Sie war entzückt und erschrocken. Ungläubig berührte sie das Papier. Es war noch feucht. Der Plakatkleber musste noch unterwegs sein. Womöglich war es Günther selbst? Sie machte sich mit dem Fahrrad auf die Suche. Radelte von Litfaßsäule zu Litfaßsäule, befragte Passanten, Polizisten und Stadtstreicher und kam dem Plakatkleber schließlich auf die Spur. Beim Kleben des 73. Posters ertappte sie ihn. Doch es war nicht Günther. Es war einfach ein Angestellter der Bremer Außenwerbung. Aber was für ein Mann! Wie er da auf der Leiter stand und ihr zulächelte! Die beiden wurden sofort ein Paar, sogar noch in derselben Stunde, wobei sie die 60 noch unverklebten Plakate im Pritschenwagen als Unterlage benutzten. Diese Plakate anschließend noch auf die Litfaßsäulen zu klatschen, fanden beide überflüssig. Die Gebühren dafür wurden Günther

Schmock freundlicherweise erlassen, was dieser »als kleines Trostpflästerchen« bezeichnete.

Funkelnder Wein

Auf den ersten Blick hat die Liebeserklärung des greisen Wall-Street-Investors Jeffrey Crowell nur den Flitter raschen Reichtums. Auf einem Yacht-Trip im Septemberwind des vergangenen Jahres überreichte Crowell seiner jungen Assistentin Judy vor den Bahamas eine Auswahl edelster Perlen. Er überreichte sie nicht mit bloßer Hand. Er nahm auch kein samtbeschlagenes Döschen oder handgeschöpftes Einwickelpapier. Vielmehr zog er jene altrömische Form der Verpackung vor, mit der bereits Antonius bei Kleopatra erfolgreich gewesen war: Er servierte die Perlen in einem Glas roten Weines. Judy, mit antiken Sitten nicht vertraut, glaubte erstens, der Halunke wolle sie aus niederen Gründen betrunken machen. Zweitens hatte sie nach dem ersten Nippen das Gefühl, ein loser Zahn des alternden Millionärs habe sich im Glas verloren und sei ihr zwischen die Zähne gekommen. Sie spuckte das harte Ding dezent ins Glas zurück, und als ihr Wohltäter sich für einen Augenblick abwandte, goss sie den Wein kurz entschlossen über Bord. Es heißt, ein entsetzlicher Moment der Erleuchtung sei über sie gekommen, als sie etwas Glitzerndes in die Fluten stürzen sah. Crowell wankte und griff sich ans Herz. Dann offenbarte er wahre Romantik. Er stellte seinen Schrittmacher auf Slow Speed, kniete vor Judy nieder, bekannte seine Liebe und bat um ihre Hand.

Namen-Index

215